文春文庫

ぼくらの近代建築デラックス！

万城目　学・門井慶喜

JN224208

文藝春秋

ぼくらの近代建築デラックス！　目次

文庫まえがき

万城目学

はじめて大阪の地で門井慶喜さんとの建築散歩の機会を得てから、はや五年が経ちました。

大阪だけの単発の企画だったものが、あれよあれよといううちに京都・神戸と関西の三都に範囲を広げ、さらには横浜・東京へひとっとび。このたびの文庫化に際しては、お台場でのライブ・イベントの様子に加え、ついには海を越えて台湾まで探訪の羽を広げるという新展開を掲載するに至りました。まさに「ひょうたんから駒」の大出世、えらいこっちゃであります。

そもそもが建築ど素人の私がこのような本に関われたのも、これひとえに門井さんのおかげであり、文庫本の出版にあたり原稿をチェックしても、自分のコメントが門井さんに比べ格段に少ないため、必然、それに伴う仕事量も少なく、何やら申し訳ない気がしています。門井さんがあれだけのノーブルな薀蓄を垂れられるというのは、その背景に膨大な知識の蓄積、日々の研鑽があるわけで、何も用意せずふらりと現場に赴き、「なるほど」とうなずき「アハハハ」と笑っているだけの自分のコメントを読んでいると、もちっと勉強していけよ、と深く反省しないでもないわけですが、印税はきっちり半分いただいています。ありがとう、門井さん。

さて、二〇一二年に単行本を上梓するにあたり、ひとつだけ要望を出したのは、「なるべく写真は小さめに」ということでした。それは、写真を鑑賞して満足してしまうのではなく、建物に興味を持ったあかつきには、ぜひ自身の足で現場に赴き、自身の目で実物を確かめてほしい、というひそかな願いがあったからです。文庫化した本書においても、ときどき大きな写真もありますが、全体的に写真が控えめなのは、そういう意図があるとご理解ください。

実際に、本書では厳しめにコメントしている大阪の芝川ビル。その後二度、三度と足を運びまして、今は実に味のある建物だなと感じています。しかし、あまりにかっこいい写真を事前に目にしていたため、イメージが高まりすぎて逆に初見の評価が下がってしまいました。再訪してようやく偏りない自分の視線で見ることができるようになったわけです。未知のものに出会うよろこび、初見のインパクトというのは、やはり大切にしていきたいと思うのです。

そうそう、最近、大阪城天守閣に勤務する学芸員の方からおもしろい話を聞きました。本書のなかでも、鉄筋コンクリート造りの近代建築として紹介される大阪城天守閣ですが、来場者アンケートのなかに、

「俺が子どもの頃に来たときは木造建築だったのに、こんな鉄筋コンクリート造りにして、エレベーターなんぞ設置してけしからん」

というお叱りの言葉があったそうです。

今やゆうに八十歳を超える老齢となった現天守閣です。げに、人の記憶とはあやふやなものだな、と教えてくれる笑い話ですが、学芸員の方が、

「結構、中に入ったら鉄筋コンクリート造りであったりエレベーターがあったりで、がっかりされる方もいるのです。でも、あのエレベーター、昭和天皇が若いころ日本ではじめて乗ったエレベーターかもしれないのですよ」

と教えてくれたとき、急に歴史の薫りが立ち昇るのを感じました。

建物にストーリーが添えられると、それまで何とも思っていなかった鉄とコンクリートのかたまりに、歴史の息吹が添えられ、俄然、親しみが湧くようになります。さまざまな建築散歩のなかで、門井さんの話を聞きながら、何度も去来したしあわせな感覚です。

願わくば、この本を手に取ったみなさんにも、近代建築との幸福な出会いがあり、そこからあらたな興味の地平が拓かれんことを！

文庫まえがき

門井慶喜

うちには子供が三人いましてね、ぜんぶ男の子なんです。というような話をすると、たいていの人は、

「へえ」

ちょっと目を見ひらいて、

「いいなあ、門井さん。キャッチボールができて」

とか、

「大きくなったら、お酒がいっしょに飲めますね」

とか返してくれます。まあ普通というか、よくある反応です。

万城目さんはちがいました。たしかこの対談の大阪篇のとき、大阪城天守閣へと向かう公園の道で、

「うちには子供が三人いましてね。ぜんぶ男の子」

と打ち明けたら、万城目さんは、

「へえ」

ちょっと目を見ひらいて、

「いいなあ、門井さん。ゆくゆく死の床で毛利元就になれますよ」

「も、毛利？」

「ほら、三人の子をあつめて教えを諭したっていうエピソード。一本の矢をぽきっと折って、三本の矢はたばねたら折れなくて、お前たち仲よく毛利家をまもってゆけい、みたいな。あれ実践できるじゃないですか」

横で聞いていた編集者やカメラマンがくすくす笑いだしたのは言うまでもありません。私もくすくす笑いました。しかしそれにしてもこの反応の速さ、快活さ、ユニークさ。すごいですよね。この人は、脳につばさが生えている。

こういう特殊能力のもちぬしと全国あちこちの近代建築を見まわる機会にめぐまれたのは、私には生涯の痛快事です。それはそれは楽しかった。いや、まだまだ過去のことにはしたくないから「楽しいことです」と言いなおしますが、とにかくどんな建物、どんな施設をまのあたりにしても万城目さんの口からは機知のひらめきが繰り出される。ぱっと見てぱっと返す。秒速何回というレベルです。おかげで私は安心して機知とは正反対の方向性、つまり情報性を追求することができました。

情報性というのは、ここでは話題の提供くらいのことですね。そのさい、ひとつ気をつけたのは、

――なるべく人間の話をしよう。

ということでした。窓のかたちがどうのこうの、装飾の様式がどうのこうのという話ももちろんおもしろいし、実際たくさんしていますが、建築家の話はさらにおもしろい。辰野金吾には人生三大ばんざーいがあるとか、安井武雄は東大の卒業制作がきっかけで満州へ飛ばされたとか、山口半六はおのれの死病を知ったとたん猛烈に仕事をしだしたとか。

むろん建築家だけじゃありません。ほかにも施主、大工、政治家、華族、軍人、小説家……ひとつの建築物のまわりにはじつにさまざまな人がいます。逸話と物語の宝庫です。せんだって亡くなった自動車評論家・徳大寺有恒には「クルマの楽しみというのは、結局は人間の楽しみなのである」という名言がありますが、建築もおなじ。やっぱり人間の楽しみなんです。私はそれに忠実であろうとしました。ささやかな青雲のこころざし。かもしれません。

予備知識はいりません。どうぞ手ぶらで次のページへ。

ぼくらの近代建築デラックス！

本文中のデータはすべて
単行本刊行時のものです

大阪散歩

［2010年2月14日］

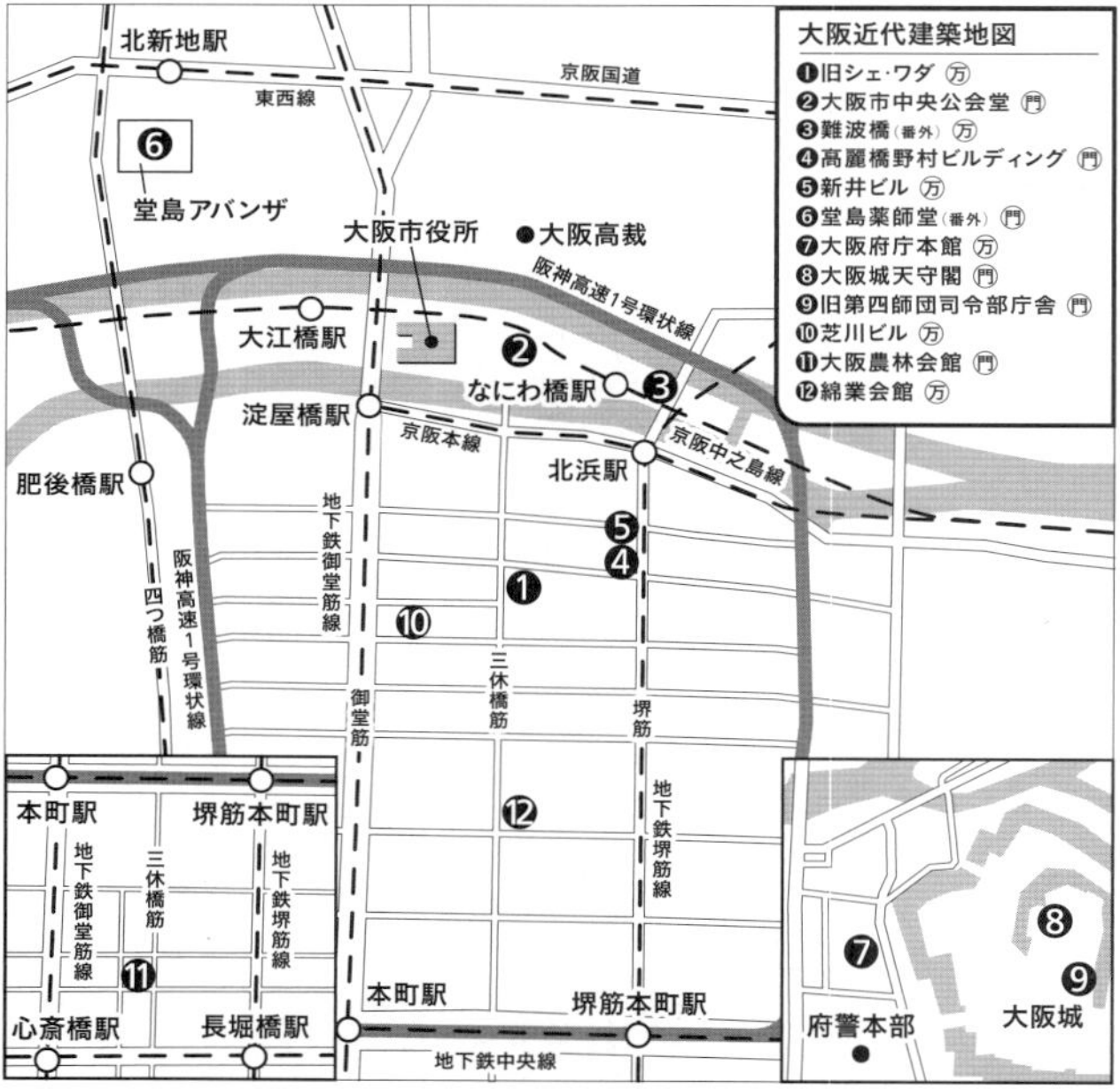

(万)は万城目さん、(門)は門井さんのお薦め建築です

扉写真：大阪市中央公会堂の正面入口

＊建築データは、設計者／完成年／所在地の順で表記しています。

❶旧シェ・ワダ

［辰野金吾／1912年／大阪府大阪市中央区高麗橋2－6－4］

万城目 今日は大阪の近代建築を訪ね歩いて魅力を語り合うという、何とも楽しい対談です。最初は僕のお薦めから。高麗橋《こうらいばし》の旧シェ・ワダです。

門井 赤レンガに白いストライプを巡らせた、辰野《たつの》金吾《きんご》らしい外観ですね。

万城目 もともとは保険会社のビルとして建てられたそうですが、最近まで「シェ・ワダ」というフレンチの老舗が入っていました。

門井 残念ながらシェ・ワダは閉店してしまったようです。今日来てみたら、「オペラ・ドメーヌ高麗橋」というレストランウエディングのお店になっていますね。

万城目 近くの野村ビルのように、オーナーの名前がついていればわかりやすいんですが、このビルは入っているお店の名で呼ぶしかないみたい。今日は「旧シェ・ワダ」でいくとして、新しく入った店が営業を続けていけば、いずれ「オペラ・ドメーヌ・ビル」と呼ばれる日がくるかもしれません。

門井 さて、旧シェ・ワダの魅力はどこでしょう。

万城目 門井さんがおっしゃったように、辰野金吾といえば赤レンガ造りに白い花崗岩《かこうがん》の帯が入る、壮麗な「辰野式」で知られています。東京だと東京駅、大阪なら中央公会堂が有名ですけれど、辰野はそういう大型プロジェクトだけを手がけていたわけじゃない。

門井　なるほど。この旧シェ・ワダもそうだし、いま我々がいる三休橋筋《さんきゅうばしすじ》には、すぐ北に同じく辰野が設計した八木通商本社ビルもある。

旧シェ・ワダ。百年前に大阪教育生命保険ビルとしてスタート。

万城目　つまり、普通の会社のビルもたくさん設計していたわけですね。そういう普段着の辰野式を見るのも、なかなか楽しいんです。大正時代、この通り沿いに旧シェ・ワダのような建物がいくつも並んでいたなんて、いまでは想像もつかないですよね。まさしく「夢の大大《だい》阪」を象徴するエリアだったと思う。

門井　そうですね。ちょうどここから北を眺めれば、中之《なかの》島《しま》の中央公会堂がそびえているのが見えますし。

万城目 まさしく「辰野通り」です。実は拙著『プリンセス・トヨトミ』で描いた、「大阪国」の入口となる古い建物というのが――。

門井 長浜ビル！

万城目 この旧シェ・ワダを何べんも見て、参考にしたんです。これをもとに、いかにも辰野金吾が建てたような「長浜ビル」を想像して、楽しい作業でした。

❷大阪市中央公会堂

［岡田信一郎、辰野金吾、片岡安／1918年／大阪府大阪市北区中之島1―1―27］

万城目 次は門井さんお薦めの……。

門井 話の流れとしても、もちろん大阪市中央公会堂ですね。

万城目 本当にきれいです。まわりに建物がないぶんひときわ美しい。川があるかぎり絶対に両側を塞《ふさ》がれないし。

門井 これに比べると、東京の日銀本店はかわいそうですね。あれも辰野金吾の設計なんですが、まわりを高層ビルで囲まれちゃったせいで、ニュースのときにはいつもヘリで空撮される（笑）。とても肩身がせまそうに見える。

万城目 中之島には、日銀大阪支店、大阪市役所、中之島図書館、中央公会堂と大阪を代表する近代建築がずらりと並んでいて壮観です。中でも中央公会堂を門井さんが薦める理由は何ですか？

門井　要するに、日本一立派な文化会館であると。

万城目　ああ、なるほど。今日もオバちゃんたちが歌謡ショーをやってますね。こういう名建築が、日常的に市民によって使われているというのは、すごい。

門井　この手の会館というと普通はハコモノの典型で、いかにも景気対策で作りましたといわんばかりの愛想もへったくれもない建物が全国にあふれているでしょう。ところが、大阪にはこんな立派な文化会館がある。まずそこが特異である。それから、組織の公金ではなく、たったひとりの市民の寄付によって作られたというのも特筆すべきだと思います。たとえばヨーロッパだと、中世なら聖職者、近代初期なら貴族というような安定的な身分と収入のある人たちがパトロンにならなければ、巨大で壮麗な建物は作れないわけですが、大阪の中央公会堂の金主《かねぬし》は、岩本栄之《いわもとえいの》助《すけ》という株の仲買商です。ひじょうに不安定というか、刹那《せつな》的に得られた富が投じられている。

特別室には日本の神話に材を採った壁画が描かれている。

万城目　大阪商人には、がめつくてドケチというイメージがありますが……。

門井　刹那的な金もうけの勢いで建てちゃうというのも、大阪人らしいといえば大阪人らしい。結局、岩本栄之助は相場で負けて、自分自身は中央公会堂の落成を見ずに死んでしまうんです。落成式の写真が残っていますが、未亡人と四歳の娘さんだけが、いちばん晴れがましい席に座っています。

万城目 なぜ亡くなったんですか。

門井 自殺です。ピストルで。

万城目 ああ……。

門井 落成式は、当然、岩本栄之助に対する美辞麗句で飾られた。何とすばらしい人だ、立派な人だ、と。でもそれを聞く家族の胸中は複雑だったでしょうね。

万城目 寄付した百万円が手もとにあったら、死ななくてすんだかもしれない。

門井 式典に来ている財界のお偉方は、要するに岩本栄之助を見殺しにしたわけ

壮麗な内装のホール（大集会室）ではかつてヘレン・ケラーやガガーリンらの講演が行われたこともある。

です。だから家族はかならずしも完成を祝う気にはなれなかっただろうなあという人間的な興味も、中央公会堂を挙げた理由ですね。

万城目 そういう背景を知ると、ホールから聞こえてくるオバちゃんらのカラオケの歌声ひとつにも、感慨深いものがありますねえ。

門井 非常に贅沢《ぜいたく》な市民ホールです。じつはホールの中に入ったのは今日が初めてで。地下の食堂には家族でオムライスを食べに来たことがあるんですが。

万城目 誰もが食べる、オムライス(笑)。

門井 気軽に入れるし、おいしいし。あそこは開館当時からとてもハイカラな食堂だったらしいですね。白いエプロン姿のウェイトレスが十人以上もいたそうですよ。

万城目 僕が小学生の頃、ほんまにボロくなっていたので、中央公会堂を一度潰そうとしたんですよ。でも反対の声が上がり、市民から多額の寄付が集まって、改装して永久保存することに決まった。

門井 花崗岩の白い帯って、汚れたら目立ちやすいんですよね。

万城目 古くて、みすぼらしかったのが、こんなにきれいになってよかったなあと。大阪の宝やと思いますね。

❸ 難波橋《なにわばし》

〔大阪市、宗兵蔵／1915年／大阪府大阪市北区西天満1丁目―中央区北浜1丁目・同2丁目〕

門井　中央公会堂からは難波橋がもうすぐそこですね。

万城目　この橋は市内から新大阪駅に向かう道なので、小さい頃からクルマで通る大阪のチビっ子が多いと思うんです。で、橋の両端にあるライオン像が非常に印象深いというか、楽しい。大阪の子にとっては「ライオン橋」として幼少時から気になるスポットなんです（笑）。

門井　なるほど、僕は大人になってから大阪に来たので、そういう感覚はわかりません。うらやましいなあ。

万城目　この橋は大阪天満宮の参道に当たるので、ライオンが阿形《あぎょう》・吽形《うんぎょう》を表してるのではないかと言われている。

門井　つまり、狛犬《こまいぬ》みたいな存在。

万城目　そうです。

門井　南から北へ行くときは天満宮へ

橋の南詰めと北詰めに設置されたライオンの彫刻は天岡均一が制作。

の入口だし、逆に北から南へ行くときには、今度はいわゆる船場《せんば》への入口になるんですね。商業都市大阪の玄関口。ましてや戦前、いまみたいに御堂筋《みどうすじ》がメインストリートになる前は、この堺筋《さかいすじ》が大阪の中心でしたから、まさに真正面から、胸をはって、大阪のいちばん脂《あぶら》っこい中心へと乗り込んでいく橋なんです。

万城目 それをこのライオンが出迎えてくれる。狛犬でなくライオンなのは、西洋風にしようとした結果でしょうか。

門井 ライオンばやりの時期があったのかもしれません。東京の三越には、ロンドンのトラファルガー広場にある獅子像をモデルにしたライオン像が置かれていますし。

万城目 吉幾三が上に乗っかって「俺《お》ら東京さ行ぐだ」を歌ってた（笑）。

門井 つまりあのライオンは花の大東京の象徴なんですね。それに対して、花の大大阪を象徴するのがこの難波橋のライオン像といえるかもしれない。

❹高麗橋野村ビルディング

［安井武雄／1927年／大阪府大阪市中央区高麗橋2―1―2］

万城目 堺筋を南へ下っていきますと、門井さんお薦めの野村ビルが見えてきます。いやあ、大きいですね。

門井 ところが、です。通りから見ると大きく見えますが、じつは建坪は百坪ちょっと。

万城目 え？　東京の平均的一戸建て三つ分？　そんなに小さくは見えないですが。

門井 なぜかというと、奥行きがない。

万城目 ああ、ほんとだ。薄い。

門井 食パンみたいな建物なんです（笑）。もっとも、デザイン的には、ウエディングケーキを戦艦に仕立てたような迫力がありますね。水平のラインが強調されていて、一階と二階のあいだ、二階と三階のあいだにそれぞれ瓦の帯《おび》をめぐらしている。

万城目 ものすごく変わってる。様々な様式が絡み合っているような……。

門井 設計したのは安井《やすい》武雄《たけお》という建築家なんですが、この人物、僕はかねてから大好きでございまして（笑）。明治十七（一八八四）年、千葉の佐倉に生まれ、のちに辰野金吾にかわいがられた。

万城目 終戦のときに六十歳ぐらい。

門井 お父さんが軍人で、自分のような軍人になってほしいと「武雄」と名づけたものの、まったく反対の方向へ行って、油絵を描いちゃう。白馬会［★1］っていう有名な美術団体の研究所に入ったりして、結局、東大の建築科に進みます。いずれにせよ、軍人の息子としてはあり得ない進路です。

★1…白馬会は、黒田清輝、久米桂一郎らが結成した団体で、当時もっとも権威があった。研究所も美術史的にはたいへん有名。おそらく安井武雄は、建築家にならなくても、画家でも食っていけただろう。（門井）

万城目　勘当されてもおかしくない。

門井　当時の建築科というところは、いくら東大であっても、世間一般、ことに軍人の目から見れば、しょせん大工の棟梁の真似事にすぎないわけです。字もろくに読めない連中の仕事を、何でお前がやらなきゃいけないのっていうのが世間の目だった。さらにユニークなのは、彼の東大での卒業制作が和風の住宅建築だったこと。これはきわめて異例なことで、そもそも東大の建築科は西洋建築を学ぶところですから。

万城目　かなりの自信家だったんでしょうか。

門井　そうとう出来たらしい。普通に博物館なんかを設計して提出していれば、首席卒業だったと思います。ところがとにかく変な人で、人のやることは絶対にやりたくない。人が西洋なら自分は和風。結局、それが教授の勘気に触れ、満州に飛ばされちゃう。卒業後の就職先が満鉄、南満州鉄道株式会社なんですね。それでも辰野金吾は、優秀な安井武雄が好きだったんでしょう、「満州の水が合わなかったら、私のところに連絡しろ」って言ったらしい。

万城目　昨年末のM―1グランプリのことを思い出します。優勝を目前にした「笑《わら》い飯《めし》」が、最後のネタで、「チンポジ、チンポジ」と下ネタを連呼して、すべてをぶち壊したのと同じでしょうね。普通にやれば勝てるのに、あえてしようもない言葉を連呼して落ちた。

高麗橋野村ビルディング。

門井 それは、あえて、なんですね？

万城目 反骨でしょう。わざと寒い風を吹かせ、満を持して落ちていく。

門井 うーむ、通じるものがありますね（笑）。結局、安井は十年ほど満州で働きました。日本とはまったく違う大陸の風土のなかで、官舎、音楽堂はじめ、さまざまな建物を設計したあげく、大正八（一九一九）年に帰国します。そうして大阪の片岡建築事務所に入る。この大正八年というのは、大阪の歴史にとって、とても意味が深い年ですね。

万城目 関東大震災で東京が壊滅状態になり、大阪の人口が東京を上回って日本一となり、世界でも第六位の大都市になるのが……。

門井 大正十四（一九二五）年［★2］。ちょうどその少し前に帰国したわけです。来るべき大大阪時代を象徴する仕事をした建築家だといえますね。むろん最初は無名の一所員だから、自分の名前が出ない仕事が多かったと思いますが、やがて彼にとんでもないパトロンがつく。野村徳七《とくしち》（二代目）。野村財閥の創始者で、あの野村證券の野村です。

万城目 へえ、やっぱり野村さんがやってるから野村證券なんですねえ。

門井 野村徳七という大パトロンを得て、安井武雄がその天才を存分に発揮したのがこの野村ビル。一般的に、安井武雄の最高傑作は「大阪ガスビル」といわれますが、僕の目には、ガスビルはちょっと洗練されすぎていて、彼の個性が消えちゃったように映る。ところが野村ビルのあの瓦、そして玄関口のお月さまが付いた門松みたいな意匠は……。

万城目 なんだかマヤ文明みたい。

門井 このあたりにも、彼の西洋嫌いが出てるのかもしれません。

万城目 どこかで流行《はや》っている建築様式はいやなんですね。

門井 安井武雄が終生語っていたのは、自分のスタイルは「自由様式」であると。僕は、この「自由様式」という言葉を見るたびにおかしくてしょうがない。「黒い白鳥」みたいなもので、言葉が前後で矛盾してるじゃないですか（笑）。でも、そういう未熟な言葉を使わざるを得ないくらい、それくらい彼は様式からの自由に憧れてたんですね。

おもしろいのは、功なり名遂げてからの安井武雄は、京大に非常勤で教えに行くんです。

万城目 すごいですね。そんな人が教えてくれるなんて。

門井 ところが、あまり授業がおもしろくなかったらしく、必修科目にもかかわらず、みんな出席しなかった。

万城目 京大生、昔も変わらない（笑）。

門井 でも安井武雄は、まったく出席が足りていない学生にも六十点をあげた。

万城目 いい先生ですねえ。

★2…当時の大阪は工場が多く、「煙の都」と呼ばれた。いまなら汚らしい公害の街というニュアンスだけれど、当時はむしろ、世界文明の最先端。（門井）

門井　自分自身の卒業制作の恨みを次世代に押しつけなかった（笑）。

万城目　この野村ビル、一階にチェーン店の「サンマルクカフェ」が入ってるせいもあって、正直、これまであんまり素敵な建物だとは思っていなかったんです。でも、いま門井さんのお話を聞いて、そういう天才が造った建物は大事にしないとなあ、と思いますね。

門井　万城目さんのおっしゃるとおり、建物の一階の印象って、強いんですよ。

万城目　ほんと、男のお洒落《しやれ》は足元からといいますけれども、ファッションセンスのすごくいい男が安物のビーチサンダルを履いてるようなもんで、一階に何を入れるかが、建物全体の価値を決めてしまう。いや、別にサンマルクカフェが嫌いでいうてるんじゃないですよ。僕、チョコクロ好きですし（笑）。

門井　お洒落に入っていただければいいんですよね。

万城目　そう、雰囲気に合うように。

❺新井ビル　［河合浩蔵／１９２２年／大阪府大阪市中央区今橋２―１―１］

門井　同じ堺筋に、万城目さんお薦めの新井ビルもあります。

万城目　実は昨日、ビルの前を通って、あ、きれいと思った、それだけの理由なんですよ。

このタイルの、薄紫とも、赤とも、茶色ともいえない色がすごく美しい。昨日は快晴で、東向きのこのビルは朝日をいっぱい浴びてましてね。十代の女の子向けファッション誌に使われるような色合いといいますか、若々しい光を放ってる感じがしたんです。あれ、新井ビルってこんなお洒落な建物だったのか、と。このビルの前は、これまで何べんも通ってるんですよ。

門井　時間帯が重要なんですね。

万城目　そう、午前中、朝日の当たる時間がいい。

門井　もともと旧報徳銀行として建てられてるんですけれど、銀行建築にしては控えめに作ってある。重々しさがなくて、それで好感度が上がるんです。

万城目　ちょうど斜向《はすむ》かいに三井住友銀行があるでしょう。

新井ビル。

あれは旧三井銀行の大阪支店で、まず何に対しても位勝ちするような勇壮な近代建築ですよね。

門井　旧三井の周囲を圧するような古典様式というのは、いま見るとちょっと押しつけがましくて滑稽《こっけい》感があるんですが、当時の人はそういう威圧的な建築を見ると、つい信用しちゃったんでしょうね。

万城目　逆にこの新井ビルは、旧銀行建築とは思えないほどつつましやかで、センスがいい。人気のパティスリー「五感《ごかん》」がテナントに入っているのもポイントが高い。今も毛皮を着た奥さまたちが列を作っていますよ。

門井　ほんと、賑《にぎ》わってますね。

万城目　これこそ一階の使い方。一階、かくあるべし！

❻堂島薬師堂　［日建設計（堂島アバンザ）／1999年／大阪府大阪市北区堂島1―6―20］

万城目　少し歩いてやってきたのは、ジュンク堂も入る大型ビル、堂島アバンザです［★3］。このビルの裏のほうに門井さんお薦めの……これ、いったい何ですか？

門井　じつは薬師堂なんです。平成十一（一九九九）年築で非常に新しい、近代建築とはとても呼べないものなので、番外ということにさせていただきます。ミラーボールを大きくしたような、薬師堂という名からは想像もつかない、きわめて前衛的でウルトラモダンな建築物です。

万城目 見ても何だかわかりません。

門井 僕が思うのは、おそらく今日我々が巡っているレトロビルも、建った当時、大阪の人々からは、おそらく奇異の目で見られたことがあったろうと。レトロビルはもちろん建った当初からレトロだったわけではない。むしろ逆に前衛的で先鋭的で、当時の人々の常識と鋭く対立するものではなかったか、と。

万城目 そうか、いま僕らが見たら、あ、南米っぽいなとか、イスラムっぽいなとかいえますけれど、当時はそんな判断基準もありませんしね。まして周囲には江戸時代からある町家がまだまだ多かっ

球状の部分は127枚のミラーガラスを組み合わせてある。

★3…取材中、堂島アバンザの入口で、ミステリー作家の有栖川有栖さんにばったりお会いしました。まったくの初対面だったのですが、「は、はじめまして、有栖川さんですか！」とアポなし突撃。道をふらっと歩いていると芸人さんによく会う街大阪ですが（本当）、作家にも会える街ですよ（たぶん本当）！（万城目）

たんでしょうし。……それにしても、堂島アバンザにこんなものがあるなんて全く気がつかなかったなあ。もともとあったわけでしょう、お薬師様は。

門井　古くからあったお薬師様が、戦後、どこかよそへ移っていた。それを堂島アバンザができるときに、ふたたびもとの場所に戻して、薬師堂のデザインもそれに合わせて、モダンに作りかえたということのようです。

❼大阪府庁本館 〔平林金吾、岡本馨／1926年／大阪府大阪市中央区大手前2―1―22〕

万城目　いよいよ大阪府庁ですね。ほんと自分の小説の話ばかりで申し訳ないんですけれども、『プリンセス・トヨトミ』の最後で府庁を登場させてましてて〔★4〕。

門井　あれは印象的でした。でも、いざ近くで眺めると、ずいぶん権威的なんですね。すっくと大阪城に立ち向う感じでそびえている。

万城目　外見だけだと、軍令部のビルといっても全然おかしくない。武骨で、高圧的で、愛想もない。しかし中に入ると一転して豪華なんです。小さい頃に絵本で見たアラブの王宮のような感じといいましょうか、二階が回廊になっていて、太い柱が何本も立つさまを下から見上げたりしたら、もう、しびれますよ。

門井　入ってすぐ真ん中に、大きな階段があるんですね。

万城目　これ、僕の中にある外国のお城のイメージなんです。

門井　おもしろいなあ、こういうデザインは、僕は女性が好むものだと思っていました。長いスカートを引きずって二階から下の人々を睥睨《へいげい》しつつ、しゃなりしゃなりと降りてくるような感じ。

万城目　そうです。まさに「オペラ座の怪人」の仮面舞踏会のシーンのような。

門井　空間使用の効率を考えたら、一階の真ん中に大きな階段を置くというのはあり得ないんですよ。普通、階段ははしっこに置いて、踊り

★4…建て替え問題で揺れていた大阪府庁本館ですが、『プリンセス・トヨトミ』の映画ロケでさんざん使ったことも少しは後押しになったでしょうか、首長が「歴史的価値のある建造物なので、観光スポットとして利用したい」と美術館としての活用を検討しているようです。（万城目）

大阪府庁本館。

場を作って折り上げるっていうのが空間を有効に使う基本ですから。その意味では、これは使い勝手よりも見た目の強烈なインパクトのほうを優先させたという点で、お役所の建物としては画期的です（笑）。

❽大阪城天守閣

［大坂夏の陣図屏風などをもとに大阪市が設計／1931年／大阪府大阪市中央区大阪城1―1］

万城目　府庁からお堀を渡るといよいよ大阪城。門井さんのお薦めに大阪城天守閣が挙がってまして、そもそも大阪城は近代建築なのか、という疑問を抱く人も多いと思うのですが。

門井　お城そのものは豊臣秀吉が作ったものですが、この天守閣は昭和六（一九三一）年に建てられた、れっきとした近代建築です。

万城目　中身はビルですもんね。

門井　見た目はお城ですが、中は完全な鉄筋コンクリート造り。また、おとなりの旧第四師団司令部庁舎もそうなんですけども、当時の市民の寄付によって建てられたものである

建ってから八十年以上も焼けてないのは大阪城史上最長。（門井）

と。あれだけの建物をふたつ建てるだけの財力が当時の大阪人にあった。これをもって僕は花の大大阪の象徴としたいと思ってるんです。

万城目 そうか、昭和六年ですものね。

門井 大正十四年に周囲の町村を合併し、大阪市の人口が日本一になる。この状況は昭和七（一九三二）年まで続くんですが、天守閣が建築されたのは、まさにその絶頂期なんですね。再建は市民の悲願であり、好景気が実現を後押しした。単なる復元ではなく、近代建築学の粋を結集した一大プロジェクトだったと言われています[★5]。

さらに僕個人の思いをいえば、先ほど新井ビルを朝日のよく似合う建築だと万城目さんがおっしゃったけれど、大阪城は逆に夕日がよく似合う。

万城目 ああ、なるほど。

門井 京阪電車に乗って梅田に飲みに出るとき、京橋と天満橋《てんまばし》の駅のあいだあたりで、電車の窓からちらっちらっとビルのあいだに天守閣が見えるんです。その夕日に映える姿といったら、何度見ても胸がじんとする。

万城目 ほんとにきれいですから。

★5…ただし歴史的イメージを重んじるなら（あくまでイメージ）、この天守閣にはもっともっと金を使ってもよかったかも。やっぱり太閤さんの城だから。（門井）

門井　逆に朝日は似合わない。これはやっぱり負け戦の城だという意識がこっちにあるからだと思うし、さらにいえば、天守閣には金が随所に施されているでしょう。

万城目　あれ、ものすごく反射しますもんね。たしかに朝からギラギラされても、そぐわないかもしれないなあ。

門井　朝日って本来、俗なんですよ（笑）。これから一日「さあやるぞ」っていう、俗世の中に入っていく精神の象徴でしょう。かたや夕日は一日が終わって「ご苦労さん」と本来の自分に戻る、いわば詩情の象徴。

万城目『あしたのジョー』の矢吹丈だって、いつも夕日をバックにしか走りませんからね。大阪城も同じですね。

❾旧第四師団司令部庁舎

［陸軍第四師団経理部／1931年／大阪府大阪市中央区大阪城1－1］

万城目　この建物、大阪城天守閣のすぐ隣にあるんですよね。

門井　もともとこれは陸軍の司令部で、まあ、純然たる事務棟です。

万城目　いつ造られたんですか。

門井　天守閣と同じです。昭和六年。先ほど申し上げたように財源は市民の寄付なんですが、市民の側としては、建物を寄付するかわりに、大阪城周辺の敷地を一般に開放してほしい、という願いがあったみたいです。当時のこの一帯には軍の施設が点在していて、市民が入れませんでしたから。デザインに関しては、よくヨーロッパの古城風とガイドブックには書かれてるんですが、僕の目には古城から発展した宮廷建築風に見えます。ちょうどマドリッドの郊外にあるエル・エスコリアルの修道院のような、お城というよりは武骨な宮殿。

万城目 まさしく日本陸軍にぴったりの、陰々とした雰囲気。

門井 軍施設にもかかわらず戦火を逃れたのもめずらしいし、戦後、大阪府警が使い、その後に市立博物館が入ったという歴史もおもしろい。文化と非文化のあいだ（笑）。いまでは博物館もよそに

旧第四師団司令部庁舎。ほんとに天守閣のすぐそばです。（門井）

移ってしまいましたが。

万城目　もったいないですよね、せっかくの建物が。

門井　この有為転変の激しさが、天守閣とは対照的ですね。

万城目　子どもの頃、親に連れられてよく大阪城にきましたけれど、この旧司令部は、どよーんとした、なんやらお化けみたいな建物があるという印象で。

門井　お化けというのは言い得て妙だなあ。

万城目　今日、久しぶりに見ても、やっぱりお化け屋敷みたい。

門井　少し離れた売店では、みんな楽しそうにたこ焼きを食べているのに。

万城目　旧司令部庁舎からは、何となく「こっちを見るな」オーラが出てるんやと思いますよ。

門井　ここは旧市立博物館だった縁で、いまでも大阪歴史博物館の資料庫として使われていると聞いたことがあります。何でも歴代の大阪市長の写真が保管してあるとか。夜中に入ってそんなの見たら恐いだろうなあ（笑）。

❿芝川ビル　［渋谷五郎、本間乙彦／1927年／大阪府大阪市中央区伏見町3―3―3］

万城目　淀屋橋《よどやばし》に近い、芝川ビルにやってきました。非常に写真映えのするビルで、かねてから一度行ってみたいと思っていたところです。

この、交差点の角のところに入口を造る構造がおもしろいですよね。

門井　旧シェ・ワダもそうでした。

万城目　そう。普通はとおりに面したところに入口を設けますよね。当時、どうしてこういう設計がなされたのか。

門井　ひとつは、たぶん玄関まわりに装飾を施しやすいんだと思います。あと、構造上の問題があるのかもしれないですね。当時の技術では、壁をなるべく広くとらないと構造的に弱くなるとか。

万城目　今では滅多に見られない玄関まわりですから、新鮮に感じます。角の入口を中心に、広角で撮影すると、ぐっと奥行きが出て写真映えがするんです。こうして実物を見ると、写真があまりによすぎて、期待値が高すぎたかなというのが正直な感想ですが。

門井　石だから、外壁が欠けてるところも多いですね。

芝川ビル。

万城目　ほどほどにボロボロで、荷物が当たって壁が削れたりとか、生活のリアリティがあるといえばある。

門井　石というのは、欠けるに任せるか、一から作り直すしかない。リニューアルのしづらい素材なんですね。

万城目　ガイドブックに「マヤ・インカ文明を思わせる装飾」と書いてあるので、ああ、そうかと納得してしまいますが、虚心坦懐に見たら、何やら変わったコンセプト居酒屋の香りがしませんか？

門井　まさしく堂島の薬師堂と同様、当時の大工さんは「何やこれ、へんなもんつくらせよって」と思ったでしょう［★6］。

万城目　ただ、内部は掛け値なしに素敵です。管理人さんがいるのに、手すりに触れて埃《ほこり》がつくのも、趣《おもむき》といいましょうか（笑）。

門井　玄関の郵便受けがすごくいい。こういう集合

右／角地に正面玄関を設けた外観。
左／玄関ホールには郵便受けが設置されている。

住宅があったら入りたいなあ。それぞれの部屋のドアが緑色で、部屋番号のプレートがついていて。

万城目 この一室を仕事場にしたら、楽しいでしょうね――奥にアンティーク机を据え、ル・コルビュジエの椅子を置き、タイプライターなんか置いたりして――で、ゲームする（笑）。最高の贅沢。

門井 ハハハハ。

⓫大阪農林会館 ［三菱地所／1930年／大阪府大阪市中央区南船場3―2―6］

門井 大阪農林会館、先ほどの芝川ビルと使われ方が似ている気がします。

万城目 こっちはお洒落なショップが多いですが、一部屋一部屋をいろんな人が仕事場に使っているという点では、たしかに似た雰囲気がありますね。

★6…芝川ビルがマヤ・インカ風なのは、あとで考えると、もしかしたら帝国ホテルのせいかもしれない。フランク・ロイド・ライトの手になる帝国ホテルが完成したのは大正十二（一九二三）年、その完成披露パーティーの当日に関東大震災が起こったのだが、帝国ホテルは倒壊せず、まったく無傷だった（ように見えた）ので評判となり、おなじ趣向の「ライト式」建築がたちまち全国各地で流行することになった。この帝国ホテルが、マヤ文明風のデザインだったのだ。芝川ビルの完成は昭和二（一九二七）年だから、着工の準備はまさしくこの流行の時期に進められていたはず。（門井）

門井さんはいつもここにお買い物に来てるんでしょう?

門井 ええ、いい文房具屋と古本屋が入っているので、そこを見て。できれば一軒、喫茶店が入っているといいなあと思うんですけれど。

万城目 ここはテナントビルとして成功してますね。コンセプトビルといいますか、ある方向性をもったお洒落な人たちが「ここだ」と思って店を構えている。センスのいい人たちが農林会館のような古いビルをお洒落と認識するようになったのは、わりと最近のことですよね。

門井 せいぜいここ十年のことかもしれません。

万城目 新宿ゴールデン街の店を若い人たちが改装して使ったり、大阪の南船場や南堀江で古いビルをリノベーションして若い人が入るようになったり。

門井 京都の町家を再生して町家カフェとか。

万城目 ほんと、バブルでいっぺん崩れたものを、あとに続く若い人たちが必死で再生してると思うんですよ。えらいと思いますよ、今の若い人らは。

門井 まったくそのとおりですね。

万城目 真面目に働いて、子どもを産んで、お年寄りに使ってもらう年金を払って、みんな偉いと思います。ほんとにいい世代ですよ。善です、善。善そのもの。

門井 同世代をえらく褒めますね(笑)。ひとつ、その背景には皮肉な面もあって、ど

大阪農林会館。

うして若い世代が近代建築に注目するようになったかというと、それだけ数が減ってるからなんですね。はじめは単なるぼろぼろのビルということでどんどん取り壊されたものが、ある臨界点を越えたところで、じつは貴重なんだ、お洒落なんだ、という正反対の価値観が生まれてくる。

万城目 非日常、特別なものになった。

門井 普通のビルと比べたら、エアコンは効かない、すきま風は入る、地震がきたら危ない――等々、実用面でのマイナスはきりがない。非日常の存在になることで、何とか存在を許されてるんですよ。

⓬綿業会館 〔渡辺節、村野藤吾／1931年／大阪府大阪市中央区備後町2―5―8〕

門井 すっかり暗くなり、いよいよ最後、万城目さんお薦めの綿業会館です。

右／この対談のあと、2階においしい煎茶のカフェができました。（門井）
左／三菱商事大阪支店として設計されたため、オフィスビルらしくシュート式ポストが設置されている。

万城目 ここ、僕の中では永遠のアイドルのような建物なんですが、今日も憧れだけで終わりました。実は今回の企画でも大いに参考にした『大大阪モダン建築』（高岡伸一、青幻舎）というガイドブックがあるんですが……。

門井 とてもよい本です。

万城目 この本、基本的にどの建物の紹介もローテンションで、客観的な記述に徹している。ところがこの綿業会館についてだけは「特大のダイヤモンドだ」と非常に熱い言葉が迸《ほとばし》っておりまして、かねてからここはちょっと違うらしいぞと感じていたんです。で、そのうち何かの機会に綿業会館、中に入れるだろうと思っていたら……。

門井 なかなか入れないんですね。

万城目 基本的には会員の人しか利用できなくて、聞いたら毎月第四土曜に事前申し込み制の有料見学会が開かれているという。東京に住む人間にとって、これ

正面入口から中を覗く。外観、壮麗な内観などは217ページからの「大阪・綿業会館再び」にて。

はなかなかタイミングが合わない。そんなとき、この綿業会館を紹介したぶ厚いオールカラーの本を読んで、驚きましてね。こんな建物が日本にあったのか、目を見張るくらい豪華な内部なんですよ。

門井 今日は補修工事中で一階がブルーシートに覆われていて、扉の隙間から覗《のぞ》くことしか叶いませんでした。

万城目 残念です。綿業会館、外観はけっこうおとなしめなんですよね。

門井 紳士の余裕とでもいいますか、仕立てのいい背広みたいなもので、奇をてらわないバランスのとれたデザイン。

万城目 ほんもののお金持ちだけがくるところですからね。

門井 もちろん細部はすごく凝っていて、窓なんか階が上がるにつれて意匠が変わり、サイズも次第に小さくなっていく、すばらしいデザインですし。

万城目 写真を見る限り、中は大阪府庁と似た雰囲気があるんですね。二階には回廊がめぐり、シャンデリアが下がり、漫画の世界のような贅の限りが尽くされていて。いまもこれ、会員の方がサロンとして使っているんですよね。

門井 企業のお偉いさんたちが、朝食会、昼食会とか、社交の場として使っていると思います。大阪といえば漫才、たこ焼き、阪神タイガースだと、庶民的なイメージで捉える人が多くて、それは間違いではありませんが、他方でこういうお坊ちゃん文化、きわめて上質なサロン文化が大阪には根付いているんだということは、僕は強調しておきたいんです［★7］。

探訪を終えて

万城目 むかし住んでいたところの近所に、空堀《からほり》の榎《えの》木《き》大明神というところがあるんですが、久しぶりに行ったら隣が更地になっていて、これまで何が建っていたのか、いくら考えても思い出せないんですよ。

門井 建築って、はかないんですね。あっという間に忘れ去られて。

万城目 知らないうちになくなっている建物、近所にけっこうあるんでしょうね。老朽化して危なくて、補修する必要性もおカネもないとなったら、もう消えていくしかない。

門井 建築というのは絵や彫刻と違って、使われなくなったら死んだも同じで、静態保存があり得ない文化財なんですね。そう考えると近代建築の最大の敵は、自然災害ではなく、戦争でもなく、現代人の経済感覚であると。

★7…野村ビルのところで紹介した安井武雄は、ビリヤードが大好きで、そのため自分の作品の竣工式にさえ遅刻することがあったという。これも一種のお坊ちゃん文化。（門井）

万城目 そうですね。大阪でも若い人が面白がって使うことで、近代建築が息を吹き返してきていますから。

門井 東京に比べれば大阪は相続税が高くないので、売らなくても何とかなる、それでかろうじて残っているビルがまだあちこちにありそうです。

万城目 歴史的な建物の中に実際に入って、触ることができる。そこでお店もやれるし、仕事場にすることもできる。そういう魅力を、どんどんアピールしていくことが大事かもしれませんね。

［2010年7月1日］

京都散歩

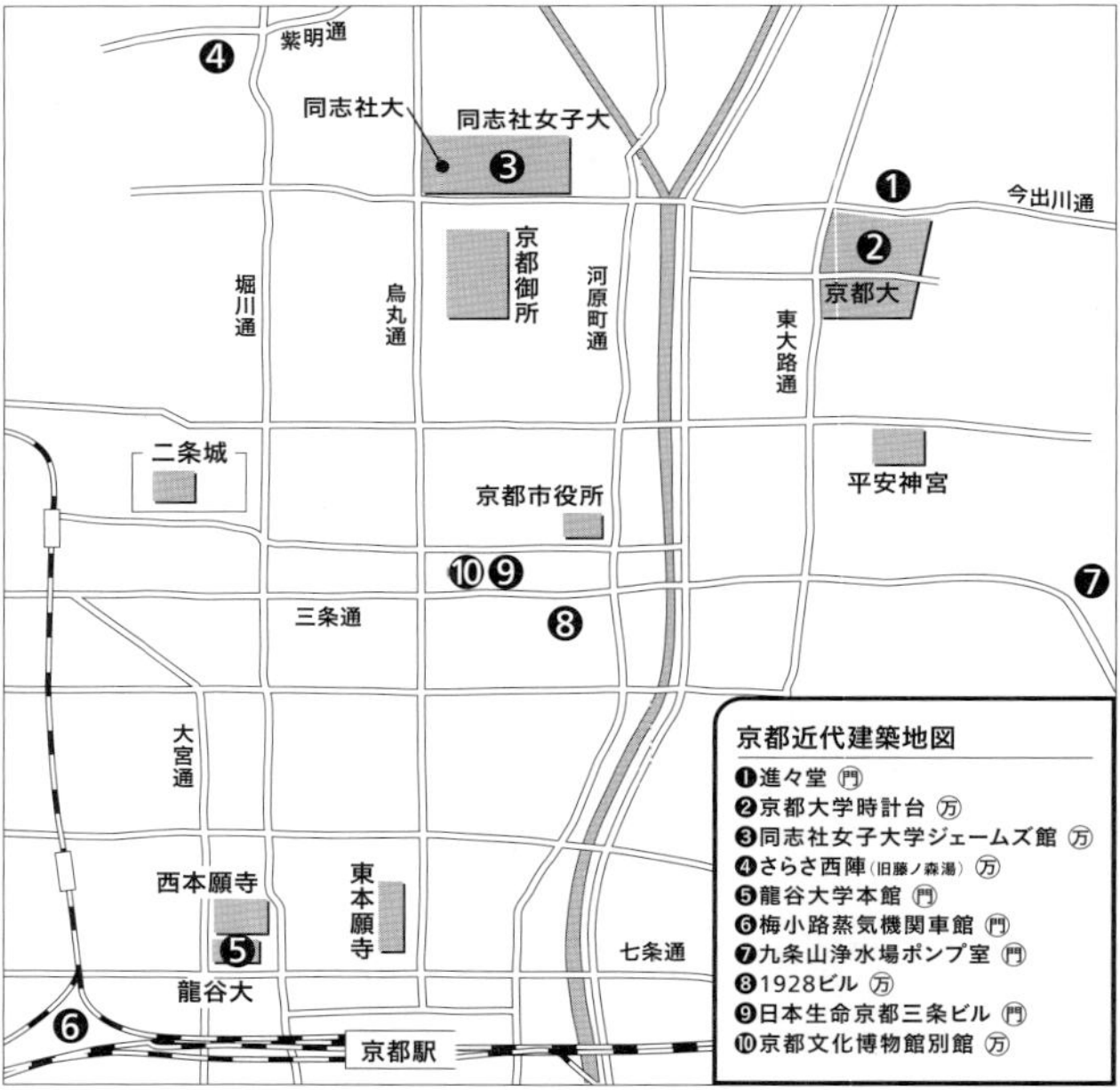

㊄は万城目さん、門は門井さんのお薦め建築です

扉写真：京都大学時計台

❶進々堂

［熊倉工務店／1930年／京都府京都市左京区北白川追分町88］

門井　大阪に続く建築対談、第二回の今回は、京都の街へとやってきました。

万城目　「オール讀物」は今年で創刊八十周年だそうですが、いま我々のいるこの進々堂喫茶店も八十周年だそうで。

門井　壁には「京大の第二の図書館としてこれからも頑張っていきたい」という店主からのメッセージも貼られ、伝統の矜持《きょうじ》を感じます。

万城目　第二の図書館て（笑）。

門井　進々堂を挙げたのは僕ですが、京都は万城目さんと僕の曾遊《そうゆう》の地。ここで学生時代を過ごしていた頃、いったい何をしてたのかなあと考えたとき、まず、この進々堂が頭に浮かんだんです。

というのも、僕は当時、百万遍《ひゃくまんべん》というところに下宿してまして、そこから東へ歩きますと、いい古本屋さんが何軒も軒を連ねている。そこを順番に巡って歩いて、古書店が終わったところにこの進々堂があるんです。コーヒーの豊かな香りが漂ってくるものの、進々堂に到着する頃にはもうおカネがなくなっていて。

万城目　古本屋をまわった後だから。

門井　貧乏学生は、コーヒーなどという嗜好品にはいちばん手が届かない。

万城目　コーヒー、三百四十円。今では何ということもないお値段ですが。

門井　当時はコーヒー一杯を我慢すれば、古本で文庫三冊ぐらい買えるなという計算をしてしまうんですよね。結局、よい香りだけをたっぷり嗅いで、くるりと踵《きびす》を返すという、青春のトラウマの地でもありました。

万城目　久しぶりのコーヒーの味は、いかがですか。

門井　美味《おい》しい。昔の僕の涙の味がします（笑）。あの頃、進々堂の中を外から指をくわえて覗《のぞ》いていた僕の印象は、ああ、京大生はみんな真面目に勉強しているなあと。皆、何か本を読んだり、レポートを書いたりしてました。

　京大生にとっての進々堂って、どういう喫茶店だったんですか？

万城目　まあ僕も含め、まわりに進々堂に行ってる人は皆無でしたね。

門井　うわ、ショックだ（笑）。

二十四万円もする全集を買ってしまって、二カ月間、食パンとマーガリンと塩だけで暮らしたこともありました。（門井）

万城目 司法試験の浪人生とか、大学院生とか、ちょっと年寄りが行くところっていうイメージ。僕、京大に五年間おりましたけど、進々堂に入ったのは就職活動のときに、リクルーターの人と会った一回だけなんです。

門井 京大生って、みんなここで勉強するものだと思ってました。

万城目 そもそも勉強しない人のほうが多いですし（笑）。僕も門井さんと同じく百万遍の近くに住んでましたけど、古本屋なんて一度も入ったことなくて、ここに来る坂の途中のゲームショップに中古ソフトを見に行くだけで、それより東には進まない。だから進々堂には永久にたどり着かない（笑）。

門井 道のりは遠い（笑）。

万城目 でも、今日はゆっくり中を見られて、落ち着いた雰囲気の、いい喫茶店やなあと思いました。

門井 進々堂の椅子と長テーブルは、のちの人間国宝、黒田《くろだ》辰秋《たつあき》［★1］の初期作品です。これはどんなガイドブックにも書いてあって、僕ももちろん知ってて中に入ったわけですが、いざコーヒーを飲んでる間は、そのことをきれいに忘れてるんです。普通にテー

★1…黒田辰秋（1904―1982）木工・漆芸作家。柳宗悦らの民藝運動に参加、皇居の調度も手がけるなどし、人間国宝に認定された。

ブルであり、普通に椅子である。手ずれがあり、手垢《てあか》もつき、端のほうは削れ、日常のものとしていまも利用され続けている。それは、家具として真に傑作だからかもしれないなあと。

❷京都大学時計台

［武田五一、永瀬狂三、坂静雄／1925年／京都府京都市左京区吉田本町］

万城目 去年、時計台の下の記念ホールで講演会をやらしてもらいまして、じつはそのときこの時計台の中をこっそり見学させてもらったんです（一般の見学者は立入禁止）［★2］。

門井 いいなあ。

万城目 というのもこの時計台、一日に三回鐘が鳴るんですが、京大の総長が塔に登って鐘をついてるという根強い噂がございまして。

門井 ハハハハ、京大らしい。

万城目 で、せっかくの機会なんで、あの噂はほんまですかと職員の人に訊いたところ、いえ違いますって。

門井 訊いたんだ（笑）。

万城目 じゃあ中を確かめますかと誘われて、お言葉に甘えて螺旋《らせん》階段を上ったところ、総長ではなくてドイツ・シーメンス社製の巨大な制御盤が時計を動かし、鐘を鳴らしているという真相をつきとめました。中心の制御盤から四本の軸が延び、ぐりぐりっと動いて四方の時計の針が動く。時計台がつくられたのが大正十四（一九二五）年ですから、八十五年もの間、同じメカニズムで動いてるんです。

門井　一度焼失したのを、京大の初代建築学科教授であった武田五一《たけだごいち》の設計で再建したのが現在の時計台ですね。

万城目　そういう歴史のあるシーメンス社の時計を、いまメンテナンスできる人が一乗寺《いちじょうじ》に住んでいる電機屋さんのおじいさんひとりだけなんだそうで。その方が引退したらどうなるかわからない［★3］。

門井　時計塔の危機じゃないですか。

万城目　そう。古いから、マニュアルも何も残ってないらしく、後継者の育成が大事な課題なんだそうです。

★2…はじめ京大に問い合わせたときは、時計台内の取材ができそうな雰囲気だったのですが、途中で「記事を読んだ一般の人が自分も見学したいと問い合わせてくると厄介」という極めてお役所的な理由で取材不可と相成りました。そういう懐の狭い言葉を京大から聞きたくなかったです。むしろ広く世にアピールしていいくらい、文化的にもとても大きな価値がある、立派な装置なのに……。（万城目）

★3…2015年3月、四十五年間ひとりで保守点検されていた方が、八十四歳で引退されたとの新聞記事が。毎月、時計台最上部まで約百段の階段を上り、点検に向かっていたそうです。（万城目）

❸同志社女子大学ジェームズ館

［武田五一／1914年／京都府京都市上京区今出川通寺町西入ル］

門井　京大から今出川通を西へ歩くと、同志社女子大学が見えてきます。僕は同志社大学のOBですが、同志社の学生でも、普通は女子大のキャンパスには卒業式のときしか入れないいんですよ。どうして万城目さんが女子大のジェームズ館のことをご存じで、お薦め建築として挙げておられるのか（笑）。

万城目　まあ、いくつか偶然が重なりまして、たまたま『ホルモー六景』という本を書くための取材で同志社を見学しようとこの辺をうろうろしてたら、同志社大学卒業式という看板が掛かってた。あ、ここも同志社なんやと、当然ながら思ったわけです。普通に男の子もいっぱい歩いてましたし。

門井　わかります。

万城目　で、中に入って、いちばん手前にあったジェームズ館にぶらっと入りまして、なんという素敵な建物かと感銘を受けたんです。さらにうろうろして、中の資料室にもぶらっと入って。

門井　けっこうあちこちぶらっと入るんですね（笑）。

万城目　そしたらなぜか同志社女子大の沿革が説明されていて、

アーチ壁が奥行きを感じさせる廊下にはベンチが設置されている。

同志社女子大学ジェームズ館。

あれ、これはおかしいぞと（笑）。
門井 僕も卒業式以来なので、女子大のキャンパスを歩くのは、なんだか妙な感じがしますね。京大はリラックスできるのに、同志社女子だと落ち着かない。
万城目 構内の雰囲気が外国っぽくて、ピリッとした緊張感があるのかも。
門井 なるほど、そうだ。
万城目 創立直後の同志社女子って、スーパー女学校だったんですよね。少数精鋭で、先生が宣教師の外国人で、お嬢さまたちを厳しく指導して。
門井 ジェームズ館の設計は、京大の時計台と同じ武田五一。いかにも武田らしく、赤レンガを用いつつも品よくまとめた、押しつけがましくない外観です。
万城目 瓦屋根ですしね。

門井　レンガ建築では建物の四隅に積むコーナーストーン（隅石）が重要視されるんですが、それもありません。

万城目　袴姿のハイカラさんスタイルの似合う、女学校建築なんでしょう。日傘に革靴のお嬢さまたちがよく似合う。

門井　同じ赤レンガでも、銀行建築のような威圧的なムードがないんです。同志社はアメリカ式のプロテスタントを奉ずる学校なので、規律ある時代の、古き良きアメリカの建物だという印象を外観からも内装からも受けます。

万城目　広報の方から教えてもらったんですが、ジェームズ館の廊下の窓際には折りたたみ式のライティングデスクがついていて、女学生たちは外の光で立ったまま勉強していたとか。この前「NHKスペシャル」で中国の田舎の学校を取材していて、朝の五時から多くの生徒が学校の照明灯の下に集まり、教科書を暗記してる。ああ、昔の女学生さんたちもこんなふうに勉強したのかなあ、と。

門井　中世のキリスト教修道院なんかと似た雰囲気だったんじゃないでしょうか。同志社の創設者である新島襄《にいじまじょう》の奥さんは八重さんといって、元会津藩士の娘で、たいへんな女傑。会津の攻防戦のときなど自らスペンサー銃を持って官軍を撃ち殺そうとしたといいますから、同志社女子の質素で厳しい教育環境には、八重さんの強い影響があるのだと思いますね［★4］。狩猟も夫より八重さんのほうが上手だったらしいし、人力車には新島襄と二人並んで乗ったそうですし。

万城目 なんと衝撃的な……。当時としてはあり得ないことですよ。

門井 新島襄ももちろんアメリカに留学し、女性の権利に理解があった。だからこそ同志社英学校をつくったわずか二年後、明治十（一八七七）年というきわめて早い時期に女学校を創設したんだと思います。

❹さらさ西陣（旧藤ノ森湯）

〔京都工務所／1930年／京都府京都市北区紫野東藤ノ森町11―1〕

門井 大学建築が続きましたが、今度はがらっと雰囲気が変わって、昔の銭湯にやってきました。いまではカフェになっている旧藤ノ森湯、ここを万城目さんが薦める理由は何ですか。

万城目 また自分の本の話で恐縮ですが、『ホルモー六景』を書くときに立命館大学を取材したいなと思ったところ、偶然この近くで学生時代の友人が長屋を改造したゲストハウスをやっていたので、一泊千五百円くらいで数日間、滞在したことがあるんです。

★4…この会津の攻防戦のとき、官軍側の奇兵隊には片山東熊がいた（74ページ参照）。のちに日本最高の宮廷建築家になる男は、ひょっとしたら、このとき八重さんに撃ち殺されていたかもしれないわけだ。（門井）

門井　そうか。立命館大学、ここからけっこう近いですもんね。

万城目　そのゲストハウスの向かいに船岡温泉という古い銭湯がありまして、宿にお風呂がないもんで、毎日そこに通っていたところ、船岡温泉と同じ経営元が以前やってた藤ノ森湯という銭湯建築があると。今ではとてもお洒落《しゃれ》な喫茶店になってるよと教えられまして。もともと「お洒落カフェ」なんて聞くとイラッとするほうなんですけれども（笑）、まあそんなにいうんやったらと、ためしに行ってみましたら、何しろタイルが素晴らしい。即座に写真を撮って携帯の待ち受け画面にしました。

門井　これ、美しいタイルですね。

万城目　近代建築というとビルばかりになりがちですが、こういうのをひとつ入れてみるの

旧藤ノ森湯。

正面入口の立派な唐破風屋根が、銭湯だった頃の名残を感じさせる。

もいいんじゃないかなあと。

門井　進々堂と同じ、築八十年。

万城目　こちらは完全な木造建築ですから、大したもんです。奇しくも同い年の建物が、両方とも現役の喫茶店として使われてる。築八十年の建物が単体で喫茶店になってるなんて、東京ではまずお目にかかれないと思いますよ。

門井　僕、実際ここに来て建物を見るまでは、銭湯って完全な和風の木造建築だし、この近代建築対談で紹介していいのか、少々疑問を抱いてたんです。でも、こうして美味しいコーヒーをいただいているうちに、ひょっとしたら京都の近代建築を真に代表しているのはこれかもしれない、と考えが逆転した。なぜなら、万城目さんのおっしゃるとおり、こんな木造建築、他の町ではきわめて存在しにくいんです。というのは、京都は戦災にも震災にも見舞われなかったから。

万城目　そうか、京都みたいに木造建築が残っているのって、奇跡的なことなんですね。

❺龍谷大学本館

〔設計者不詳／1879年／京都府京都市下京区七条通大宮東入ル大工町125—1〕

門井　また大学にやってきまして、西本願寺のお隣、龍谷大学の本館です。

万城目　門井さんはなぜこの龍谷大学本館を知ってたんですか。普通に暮らしてたら、まず行く機会ないでしょう。

門井　正直、見るのは今日が初めて（笑）。僕、じつは出版社の社史を読むのが大好きで、中央公論社の社史をひもといたことがあるんですが、中央公論社ってもともと西本願寺から出てるんです。かねてから西本願寺って近代日本においてユニークな役割を果たしてるなあと興味を持っておりまして、今回、いい機会だからぜひ見に行こうと。それともう一つ、いわゆる擬《ぎ》洋風建築に対する興味もありました。

万城目　擬洋風建築ってどういうものですか。

門井　設計○○、施工△△工務店というようなクレジットがなくて、江戸時代以来の和風建築の職人さんたちが、自分たちの技術を一生懸命使って、何とか西洋風の意匠を取り入れた建物を作ろうと努力した建築です。松本の開智学校が有名ですけども、そういう悪戦苦闘の時期が明治のいちばん初期にありました。過渡期の産物です。

万城目　龍谷大学本館は、明治十二（一八七九）年の竣工ですから、今日訪ねる建築の中では飛びぬけて時期が早いですね。

門井　実際に見ると、意外にも、といったら職人さんたちに失礼ですけれど、明治十二

龍谷大学本館の門脇にある旧守衛所。持って帰りたいくらいかわいい建物です。（門井）

年の時点で、まあよくぞ西洋というものをこれだけきちんと消化してるなと感じ入ります。正直、もっとちぐはぐなものを想像していたんですが。

万城目 誰が設計したか、わかってるんですか。

門井 不詳です。名もない棟梁だと思います。

万城目 外人さんじゃないんですか。

門井 指導した人物はいるでしょうね。しかし記録には残っていない。

万城目 国会も、憲法も、まだできていない頃の建物ですもんね。

門井 木造の柱に、壁は日本古来の漆喰《しっくい》。で、外側に石を貼っていくんです[★5]。

万城目 え？　石を貼るんですか。

門井 屋根はもちろん瓦葺《かわらぶ》き。純然たる和風建築の技術でつくられていて、しかし車寄せがあったり、コーナーストーンがあったり、西洋建築のポイントを押さえている。和洋両者がうまくかみ合い、全体として破綻してない。お寺だといわれればそう見えるし、西洋建築だといえばそのようでもある。キャンパスに砂利が敷かれているのも、お寺の学校だと考えれば納得がいく。江戸期日本の大工技術の蓄積がどれぐらいあったか、ま

★5…前回の大阪城天守閣は「鉄筋コンクリート造りだけど和風」、今回のここは「木造だけど洋風」。ある意味、好一対。（門井）

龍谷大学本館。

たいかに柔軟性に富んでいたかということの、これは一つの証明ですね。

万城目 僕の第一印象は、シンガポールのラッフルズホテルみたいだな、と。本館を挟む南北の棟の二階に据えられたバルコニーが、回廊のように続いていくのが、いかにもラッフルズホテル風。

門井 なるほど。擬洋風建築には、そこはかとないエキゾチシズムがありますよね。コロニアル様式って、本国のスタイルを現地の気候、風土に合わせてアレンジしていくものですから、擬洋風建築と通じるものがありそうです。

万城目 外見は西洋風、中身は思いきり和風ですもんね。

門井 その擬洋風建築のありようこそ、まさに近代以降、西本願寺の置かれた状況を象徴していて、僕は三重苦といってるんですが、西本願寺は明治になって三つの危機に見舞われるんです。一つは、キリスト教の到来。まさに先ほどの同志社が代表勢力ですが、ことにプロテスタントの襲来によって、従来の仏教が古臭く見えはじめた。ふたつ目が、仏教そのものに対する風当たりの強さ、いわゆる廃仏毀釈《はいぶつきしやく》です。三つ目が、宗教なんかどうでもいい、これからは実学の時代であって精神世界に価値はないよという、福沢諭吉が典型ですけども、宗教そのものを否定するような現世的な思想の盛り上がり。これら三つの困難によって、西本願寺は切羽詰まった、苦しい状態に置かれるわけです。新時代をサバイバルするためには、従来の仏教に胡座《あぐら》を掻いてたらダメだ。それなら浄土真宗の将来を担う人材育成のため、西洋の意匠を取り入れた新しい学校をつくろう。もう片方で、新時代の雑誌をつくろう、と。

万城目 それが「中央公論」。

門井 もともとは「反省会雑誌」という禁酒運動の雑誌だったんです[★6]。禁酒というのはアメリカのプロテスタントの連中が起こした、ピューリタニズムに基づく社会改良運動なんですが、それを日本の仏教界が仏教改革のために利用するというユニークな構

★6…総合雑誌として再出発した「中央公論」が売行きをのばしたのは、登張竹風の小説のヒットがきっかけだった。登張竹風はたいへんな酒豪。（門井）

図です。この「反省会雑誌」はのちに禁酒運動から離れていわゆる総合雑誌となり、版元も京都から東京に移り、やがて「中央公論」と改められて、仏教から離れた独自の路線を歩んでいくんですけれども。

万城目 京都のお坊さんというのは、たいしたもんですねえ。十数年前まで新撰組がブイブイいわせてた京都で、これだけ壮麗な擬洋風建築をしれっと仏教関係者がつくっちゃう。保守的なんだか尻軽なんだかわからない京都人のしたたかさだと思います。新しいものを取り入れては消費して捨てていく、真の意味での「伝統的な京都」のやり方ですからね。

門井 僕はそこまでいってませんよ。大阪人って、京都に厳しいなあ（笑）。

❻梅小路《うめこうじ》蒸気機関車館

〔渡辺節／1914年／京都府京都市下京区千本通七条下ル観喜寺町〕

万城目 梅小路の蒸気機関車館、僕もかねてから興味のある場所でしたが、門井さんのお薦め近代建築といわれたら、ちょっと不思議な感じがしました。あれ、車庫でも近代建築なの？　って。

門井 たしかにビル建築と違って、装飾的な要素がほとんどありませんよね。扇型にバーッと広がっているデザインも、いまの我々から見ると一種独特な視覚的感興がありますが、これは純粋に機能性を追求した結果ですし、おっしゃるとおり、建築というよりはむしろ車庫、倉庫に近いものかもしれません。

万城目 今回、ここを入れようと思った理由は何かあったんですか。

門井 一つは設計者が案外と有名な人で、渡辺節《わたなべせつ》である。前回、大阪の近代建築を回ったときに、万城目さんが絶賛された紳士的なビル、綿業会館。あれを設計した建築家です。

万城目 あ、そうなんですか。

門井 彼は東大卒業後、鉄道院に勤めて、この車庫は純粋に公務として設計したものなんですが、いっぽうで独立後に、綿業会館のような贅《ぜい》を極めた建物もつくっている。ひとりの人間がまったく性格の違う建物をつくったという、その面白さがまず一つ。さらにもう一つ、この車庫を訪れるたびに、僕は蒸気機関というものが日本の近代にとっていかに重要であったかを実感するんです。

　この次に行く琵琶湖疏水って、当初は滋賀と京都を結ぶ舟運のためにつくられたものなんです。第一疏水ができるのが明治二十三年ですが、舟運の機能は二十年ももたなかったといっていい。なぜかというと陸上輸送にお客さんをとられたから。そのお客を奪った代表が、蒸気機関車でした。

万城目 今日、僕、初めて目の前で煙を吐く機関車を見ましたけれど、黒煙の迫力、汽笛

梅小路蒸気機関車館。

梅

の音量は尋常じゃない。「龍馬伝」［★7］で蒸気船を見た龍馬が腰を抜かすんですけれど、いま、ようやく龍馬の気持ちがわかった気がしています（笑）。

❼九条山浄水場ポンプ室

［片山東熊、山本直三郎／1912年／京都府京都市山科区日ノ岡夷谷町］

万城目 蹴上《けあげ》から坂を上がって、九条山のポンプ室が見えるところまでやってきました。見られることをまったく想定していない場所に建てられているんで、斜め上方の坂から懸命に眺めようとしている我々のこの体勢がなんだか盗撮犯のようで、秘密の軍施設をこっそり覗き見ている気分です。

門井 片山東熊《かたやまとうくま》という宮廷建築の第一人者が設計した、まさに宮廷建築としかいいようのない壮麗な建物が、山と川に囲まれた辺鄙《へんぴ》な場所にひっそり建っているというこのミスマッチ。

万城目 廃墟感が漂います。

門井 そもそもなぜ一級の宮廷建築家がポンプ室などという実務的な建物をつくったかというと、これ、じつは京都御所に関わる建物なんです。疏水というのは山の向こうにある琵琶湖からトンネルを掘って水を京都に引っ張ってくる小さい運河のことなんですが、その第二疏水が明治四十五年にできたとき、あわせて御所まで水を引いて、紫宸殿《ししんでん》に万一のことがあったときに備えようとした［★8］。

万城目 火事ですね。

門井 そう。万一の出火を、琵琶湖の水でもって消そうという発想です。ところが当時の紫宸殿は、周囲の建物に比べて高く、しかも伝統的な藁葺《わらぶ》き屋根で非常に燃えやすい。消火栓の水をその屋根にじゅうぶん届かせるには、琵琶湖疏水の水圧では足りないということがわかったんです。そこで、山の高い場所に溜め池をつくり、ポンプで水を汲み上げ、紫宸殿の屋根よりも高い位置まで上げて、一気にバーッと地中管で落とす。そうすれば、消火栓を捻ると紫宸殿の屋根をこえる高さまで水が吹き上がる。

万城目 本気ですか、それ（笑）、鴨川からバケツリレーしたらええだけの話や思いますよ。

門井 バケツで水をかけても、屋根まで届きませんから。

万城目 じゃ諦めましょうよ（笑）。要するに、大きな水洗便所をつくったってことですよね。上にタンクがあってガチャッて栓を捻ったら、重力でドバーッと水が落ちてくる。

★7…「龍馬伝」は2010年放送のNHK大河ドラマ。福山雅治が坂本龍馬を演じた。

★8…疏水を通す計画には、当初、京都以外のあらゆる住民が反対した。滋賀県民は琵琶湖が干上がると言い、大阪府民は淀川があふれると言い（疏水はいずれ淀川になる）、東京市民は古都の景観がそこなわれると言った。東京の反対論の代表は福沢諭吉。（門井）

門井　御所水道って、いまの我々からは想像もつかないくらいの無駄遣いなんです。

万城目　しかし、そもそも蹴上から御所って、距離が遠すぎる気がするんですけど……。

門井　放水試験にはきちんと成功したそうですよ。もっとも、幸か不幸か実際に火事が起きて放水したことはありませんが。

万城目　明治天皇のいなくなった紫宸殿なのに、よくまあそこまで……。

門井　でも、大正天皇の即位の大礼は紫宸殿で行われました［★9］。そう考えると、御所水道というのは、もともとは京都というより東京の宮内省が主導したプロジェクトだったのかもしれませんね。ポンプ室の設計者の片山東熊の肩書きも、宮内省内匠頭《たくみのかみ》ですし。
　ついでにいいますと、なぜこのポンプ室には疏水に向って玄関ポーチがついてるのか。これも大正天皇なんです。即位のとき、琵琶湖側から船で疏水を通って京都にやってくるという計画があったそうです。結局、実現しなかったんですが、京都側で大正天皇を出迎えるために、川に向ってポーチをつくった。お歴々がポンプ室の前に並んで陛下を待つわけですね。

万城目　大正天皇が疏水のトンネルをくぐってくるんですか？

門井　もともと疏水の役割は舟運でしたから、自然といえば自然な発想。でも、ポーチ

★9…大正天皇即位の礼は1915年に行われた。

九条山浄水場ポンプ室。手前の水路が琵琶湖疏水。

は利用されることのないまま、苔《こけ》が生《む》し、朽ちかけている。その姿を現在の我々は眺めているということです。片山東熊は宮廷建築家だから、赤坂離宮が典型ですが、何でも大きく壮麗につくる。それがちょっと鼻につくところもあるんですけれど、このポンプ室の場合はさすがに抑えてあって、嫌味のない、上品な外観です。

万城目 ゲームの「バイオハザード」の洋館みたい、なんていったら怒られますね（笑）。鬱蒼《うっそう》とした山に囲まれ、資材がぞんざいに積まれ、廃倉庫みたいな雰囲気。

門井 内部には、ポンプの機械だけがひっそりと置かれているという話です。

万城目 門井さん、よくこんな場所をご存じでしたね。

門井 学生時代、近代建築に興味を持ってる友達に教えてもらったんですけれど、十数年前はたしかに知る人ぞ知る産業遺産だったでしょうね。いまではいろんなガイドブックに載っているけど。

万城目 近代建築に対する我々の感じ方、捉え方って、この十年くらいで大きく変わってきましたものね。

門井 そういうメンタリティの変化をもっともよく表している場所が、これから向かう三条通ではないでしょうか。

❽ 1928ビル

〔武田五一／１９２８年／京都府京都市中京区三条通御幸町東入ル弁慶石町〕

門井　ということで、蹴上からひたすら西へと進んで、寺町三条に到着しました。万城目さんお薦めの１９２８ビル。旧大阪毎日新聞社の京都支局です。

万城目　この寺町以西の三条通は、いってみれば大阪の堀江や南船場なんかと同じで、古いビルをリノベーションしてお洒落なお店が入って、最近、ふたたび活気づいてきたエリアなんです。ほんの十数年前までは人の流れなんてそんなに多くなかったですよね。

門井　たしかに、烏丸《からすま》通へ抜けるのに便利な道という程度の認識でした。

万城目　ただ、この１９２８ビルは寺町のすぐそばということもあるんでしょうか、昔からお洒落な感じを醸し出し、かっこいいテナントも入り、いわばリノベーションビルの先駆者やったような気がします。学生の頃、ふらっと入ったことがあるんですけれど、高飛車なお洒落感にあふれていて、あ、これは違う、僕なんかお呼びで

星型の窓の由来は……。

ないなと思って、すぐに出てきた憶えがあるんですけど。
門井　貧乏でイケてない学生が間違えて入ると、冷ややかな目で見られて。
万城目　喜ぶべきか悲しむべきか、いまやそんなお店がどんどん増えて、この1928ビルは、お洒落ストリートの玄関口のような存在になりました。烏丸通を殿《しんがり》とすると、まさしく先陣をつとめるのがこの1928ビル。
門井　三条通［★10・11］の復権のシンボルのような存在です。
万城目　このビル、やっぱり変わってますよね。妙な星型のテラスに、星型の窓。新聞社がこんなふざけたビルに入っててよかったのかと心配になるような。
門井　星は、毎日新聞のマークなんですよ。現在の毎日新聞社の社章も、目の中に星が入っている青いマークだったと記憶しています。
万城目　このビルも武田五一の設計ですね。時計台やジェームズ館のような大学建築から星型の妙なビルまで、ほんと、幅の広い建築家です。
門井　星のモチーフは施主である毎日新聞の要望だと思いますが、正直そんな条件、普通の建築家だったら受けたくないと思うんですよ。星型ってどうアレンジしても俗になるじゃないですか。
万城目　どことなくパチンコ屋的な感じもしますしね。
門井　しかし、それを破綻なくまとめる武田五一の融通無碍《ゆうずうむげ》ぶり。

万城目 東大出の京大教授なのに、ものわかりがいい。

門井 万城目さんが選んだ五件のうち三件が武田五一設計ということからもわかるように、京都の町を歩いていて石を投げたら武田五一建築に当たる。京都市役所、府立図書館、変わったところでは平安神宮の大鳥居の設計も武田五一。

万城目 えっ、そうなんです

1928ビル。

★10…三条通は、蹴上から嵐山近辺まで東西に走る通り。古くから京都中心部として繁栄し、特に寺町通から烏丸通辺りにかけては明治期以降の西洋建築が数多く残る。ここで紹介した1928ビル、日本生命京都三条ビル、京都文化博物館別館のほかにも中京郵便局、旧不動貯金銀行京都支店（現在の名称はSACRA）など赤レンガや石造りの建物が一km程の距離に次々と並ぶ様は壮観。テナントビルとして現役利用されているため内部まで入ることのできる建物が多いのも近代建築好きには嬉しいところ。

★11…梶井基次郎の「檸檬」に登場する丸善も、かつてこの三条通にありました。（万城目）

か。

門井　平等院鳳凰堂や法隆寺の修理にも関わり、仕事の幅が広いといえば非常に広く、無頓着といえば無頓着。大阪を中心に活躍した片岡安《かたおかやすし》という建築家がいて、片岡と武田は東大の同期なのですけれど、まったく対照的なんです。片岡はワンマン体質で、自分の弟子に向かって「誰のお蔭で設計料をもらってんだ」なんてことを平気でいう。いっぽうの武田は、弟子から「先生には代表作がありませんね」といわれてもニコニコ笑って聞いているくらい大らかな人だったそうです。この星型の窓を見ても、そういう人柄は窺えますね。

万城目　なるほど、施主にもニコニコしていると（笑）。

門井　武田は、東大助教授時代にヨーロッパへ留学するも、明治三十六年、京都高等工芸学校（現・京都工芸繊維大学）ができたというので急遽、留学を切り上げて教授として赴任します。で、いったん名古屋へ出た後、大正九年、京都大学建築学科の初代教授に就任する。京都にもっとも縁の深い建築家といえます。市役所の仕事がくれば市役所っぽく仕上げ、大毎の仕事が来れば大毎らしく仕上げる。この柔軟性、人当たりのよさが京都で成功する秘訣かなあと思ったりもしますね。

万城目　（きっぱりと）京都の人は、人柄だけでは受け入れてくれません。帝大出とか、えらい教授とか、そういう肩書きが大事なんですよ。普通の人がいくらニコニコしても、結果が出ないとあきませんよ[★12]。

門井　そうか、ある意味では貴族的な、天皇さんの大らかさと似たような感じで受け入れられていたのかもしれませんね。ちなみに、五一という名は、五番目に生まれた長男だからだそうです。

万城目　へえ、上の四人は全員お姉さん？　だから大らかに育った（笑）。

門井　しかも末っ子だから、みんなに可愛がられて、勉強して。

万城目　京都で成功する秘訣は、家族構成にあったわけですね。

★12…なぜ、ときどき私のコメントに、京都に対する棘のようなものが見え隠れするのか。それは、作家デビューしてから知った京都の真の顔への印象が忘れられない、というのがあります。
デビュー作『鴨川ホルモー』が世に出て一カ月が経った頃、私は大阪に帰省したついでに、京都の書店をひとりであいさつまわりしました。

ちょうど一週間前に、東京で書店まわりをした際、無名の作家を驚くほどあたたかく迎えてくれたことに気をよくしていた私は、京都を舞台にした作品だったこともあり、ほとんど凱旋気分で京都に乗りこんだのです。

そこで、私は京都の本当の姿に出会いました。

京都はまったくやさしくなかったです。どの書店の人も、誰もが困惑した表情で私を迎え、サイン本も誰ひとり置くことを許してくれませんでした。京都舞台の作品を書き、京都の大学を出たことなど、何の関係もありませんでした。ただ結果を出しているか否か、それがすべてだったのです。

そのとき、ようやく私は、学生の頃「お客さん」として扱われていた身分から、一個の大人として対応されていることを知ったのでした。

げに京都は手強いところです。（万城目）

日本生命京都三条ビル。撮影時には車に気をつけましょう。（門井）

❾日本生命京都三条ビル

［片岡安／1914年／京都府京都市中京区三条通高倉東入ル桝屋町75］

万城目 三条通をさらに烏丸方面に向かって歩くと、日本生命のビルがあります。こちらは門井さんのお薦めで。

門井 これ、建築がおもしろいのはもちろんですが、設計が先ほど名前の出た片岡安なんです。武田が京都で活躍するのに対し、片岡は大阪を主戦場とする。互いに関西を拠点としつつ、対照的な仕事をしていく同期生の二人であるということで、この建物に注目してみました。

片岡安がふたついいくじを引いたなあと思うのは、一つは辰野《たつの》金吾《きんご》の関西におけるパートナーになったということ。

万城目 大阪の辰野・片岡建築事務所。たくさんの名建築を生んだ事務所ですね。

門井 もう一つは、片岡直温《なおはる》の女婿になったことです。片岡直温というと日本史の教科書では、若槻内閣のいわゆる失言蔵相として有名ですよね。

万城目 東京渡辺銀行が潰れたと発言して、金融恐慌の引き金をひいた人。

門井 彼は土佐の出身、いわゆるいごっそうで、坂本龍馬が長生きしたら、ひょっとしてこんな人生を送ったんじゃないかというくらい魅力的な財界活動をした人なんです。

すみません、ちょっとだけ片岡直温について語らせてください。

万城目 どうぞ（笑）。

門井 彼のお父さんは幕末の勤皇の志士で、志士のくせに早くに病死して、直温は五歳でお寺に小僧に出され、たいへんな苦労をするんです。すごく頭がいいのに、最高の教育を与えられないまま成長して、まず土佐の役場勤めをする。ところがとても血の気の多い人で、自由民権運動にかぶれ、役人の分際で高知県知事をめちゃくちゃに批判し、当然ながら辞めさせられて、東京に出て伊藤博文の門を叩きます。で、取り巻きになって可愛がられ、官僚として働く。そうこうするうちに大阪から彼のもとに、生命保険会社をつくらないかという話が舞い込むわけです［★13］。

万城目 それで日本生命を……。

門井 そうです。彼はこの保険の事業にのめり込み、日本生命をわずか数年で日本一の生命保険会社に育てあげる。これはまさに彼が幼くして父を亡くし、赤貧洗うがごとき生活を余儀なくされたという経験あってのことだったでしょう。

万城目 なるほど、偉い人ですね。

門井 その実績を引っさげて彼は衆議院議員として中央政界に出て、ついに大蔵大臣に登りつめて、最後の最後にとんでもない貧乏くじを引いてしまう。そういう片岡直温への人間的興味もあって、この日本生命ビルに注目したわけです。自分の会社の設計を娘婿にさせるというのはちょっとやらしい感じもしますが、御堂筋《みどうすじ》の大阪本店はまったく別の人に設計させているし、許してあげていいかなと（笑）。

万城目 デザインもお洒落だし、大半が現代風に改築されているのに、通りに面した建物の一部だけが昔のまま残っているという構造もめずらしいですね。

門井 内部を新しく建て替えつつ、外装の一部を遺して町並み・景観のために貢献しようという、ファサード保存という手法をとってるんです。

万城目 端っこだけ残ってるので、一斤の食パンの片耳の側だけ食べ残しているような感じがします（笑）。

門井 またうまいことを（笑）。やはり三条通が近代建築の宝庫であって、これだけ狭い路地に中京郵便局があり、日銀京都支店があり、日本生命があり、毎日新聞がある。だからこそ、せめて外側だけでも残そうと、ファサード保存という発想が出てきたのかもしれません［★14］。

★13…生命保険という事業は、はじめのうち、大阪の人にはなかなか理解されなかった。「死んだらゼニよこすとは縁起が悪い」とか「掛け金もって夜逃げする気か」などと言われたという。（門井）

★14…三条通に近代建築がたくさんあるのは、戦前はここが京都一のビジネス街だったから。もともと東海道五十三次の終点が三条大橋だったため、徳川時代から目抜き通りだったのだが、それが明治以後もつづいたわけだ。
ただし明治の終わりごろから、南をはしる四条通が発展しだした。道路が拡張され、市電も敷設されたことが原因だろう。現在はもう、京都のビジネス機能は完全に四条通に移っている。（門井）

⑩京都文化博物館別館

［辰野金吾、長野宇平治／1906年／京都府京都市中京区三条通高倉西入ル菱屋町48］

門井　建築散歩もいよいよ最後。京都文化博物館の別館、旧日銀京都支店にやってきました。

万城目　大御所、辰野金吾の設計ですね。赤レンガに白の線が入って実に壮観、典型的な辰野式建築で、見事やなあと思います。東京の人には東京駅、大阪の人には中央公会堂といえばすぐに通じる、建築家として強いアピール力をもっている巨人ですね。

門井　おもしろいのは、同じく辰野が設計した東京、大阪の日本銀行は、いわゆる古典様式で、白っぽい石造の、重厚なデザインになっている。

万城目　あ、ほんまですね。京都の日銀だけがちょっとかわいい。

門井　それはなぜかと勝手に推測しますと、前二者、東京、大阪の日銀を設計した後、辰野金吾は東大教授を辞めて、民間人になってるんです。

万城目　ＮＨＫのアナウンサーがフリーになるようなもんですか。

門井　で、おもしろいことに、辰野式と呼ばれる赤レンガに白いストライプのデザインが目立ってくるのは、辞めたあとなんです。フリーになって事務所をもつと、やはり大衆に受ける必要があっ

京都文化博物館別館。

たのではないか。だから厳《いか》めしく見せるよりも、もっと親しみ深く、わかりやすく古典性を出そうとしたのではないか[★15]。

万城目 いつの時代もフリーは大変ということですね。

門井 いかな辰野金吾とはいえ、独立してすぐ官の仕事を次々受注できたわけでもないらしい。これは東京のほうの話ですが、辰野・葛西建築事務所が東京駅の大プロジェクトを受注したとき、辰野は所員を集めて「諸君、安心しろ。これで二、三年は食える」と言ったとか。

万城目 僕、この赤レンガの辰野式が大好きなんですよ。知れば知るほど多芸多才、いろんなことをやっている建築家だと思うんですけれど、最後に残るのはやっぱり赤レンガだと思うんです。

探訪を終えて

万城目 一日まわってみて、古い銭湯がお洒落カフェになってたり、日本生命ビルがアンティーク着物のお店になってたり、昔の建築が中身を変えながら今なおしぶとく生き残っているのは、さすが京都らしいしつこさかなと(笑)。

門井 琵琶湖疏水もそうですね。舟運の運河のつもりで水を通して、いまは上水道として利用されている［★16］。

万城目 新しいものを何でもとりこんで、さも昔からあった日本の伝統のように感じさせてしまう、町の力を感じます。だって、人より早く鉛筆を使ってるだけで「あいつは開国派」といわれて大村益次郎が明治の世になってから斬られた町なのに、その十年後にはもう、龍谷大学の本館がしれっと建っているわけですから。

門井 気がつけば同志社みたいな耶蘇《やそ》の学校もできているし（笑）［★17］。

万城目 異物を自分のものとして吸収する力はすごい。でも、まあ使い捨てなんですけれどね、結局は（笑）。

門井 万城目さんも「京都の作家」という、ある意味では役割を、町によって担わされているところがあります。

万城目 そうです。利用しつつ利用されつつ、京都は残り、僕はいつか消える（笑）。それでもいいいんだ、ほんの一瞬でも愛し合えたならば、と思わせる、悪魔的な魅力がある

★15…そういえば学生時代、この博物館でアルバイトしたことがありました。たしか蹴鞠のイベントの会場設営だった。（門井）
★16…いまでは琵琶湖の水を飲んでいる人の人口は、大津市よりも京都市のほうが多いはず。（門井）
★17…新島襄はもともと京都人ではない。上野国安中藩の江戸藩邸で生まれて育った、ほとんど江戸っ子みたいな人。そばが大好きだった。（門井）

んです。

門井　今日見た建築もその毒に染まっていて、みなどこかこの世ならぬものとつながっている感じがします。本来、近代建築とはまさに現世の合理性の象徴で、それを金看板としてやってきたはずなのに。

万城目　すべてが負け、ただ京都という町だけが勝つ。

門井　締めの言葉として、これ以上のものはありません。

神戸散歩

［2010年10月25日］

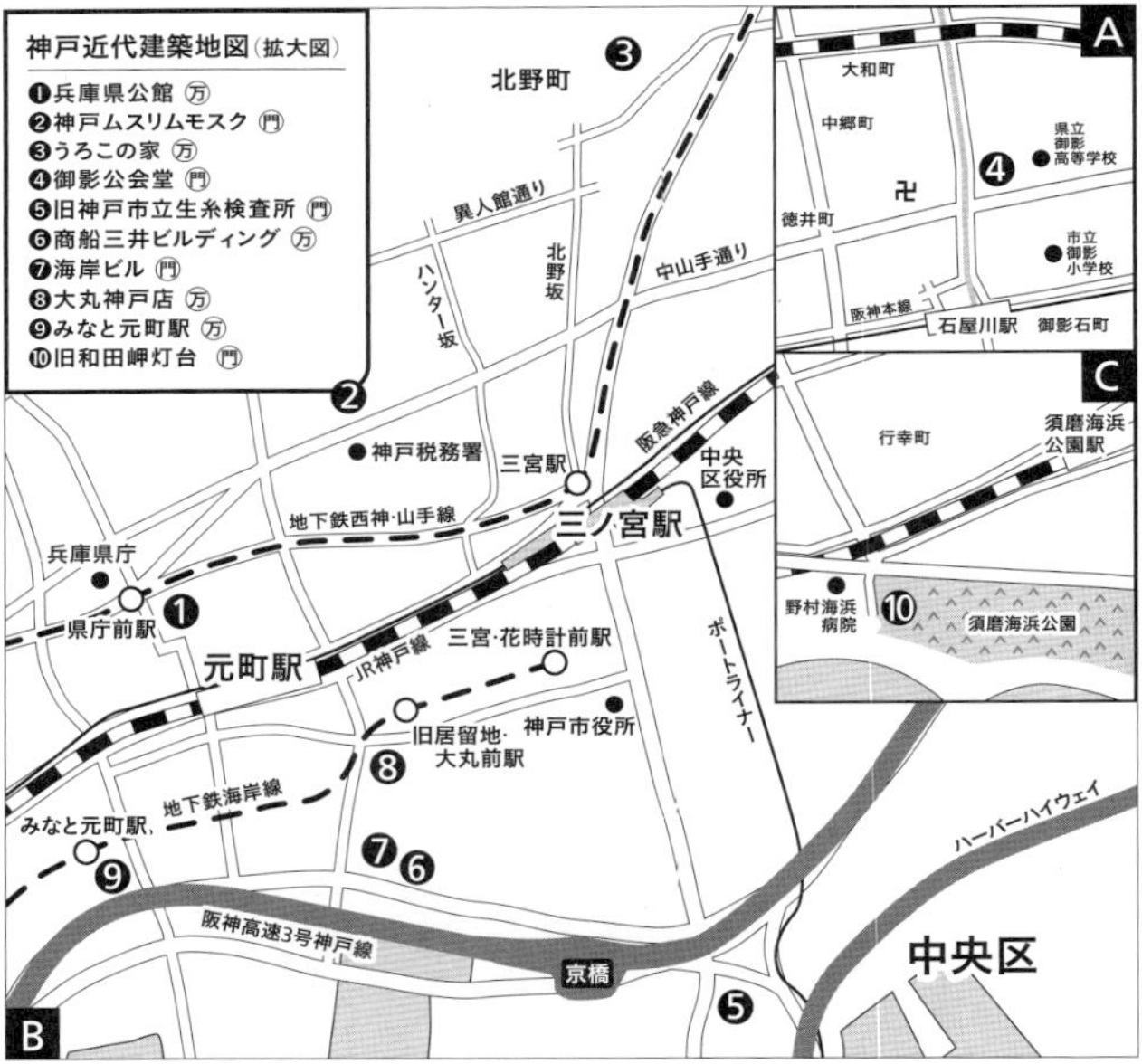

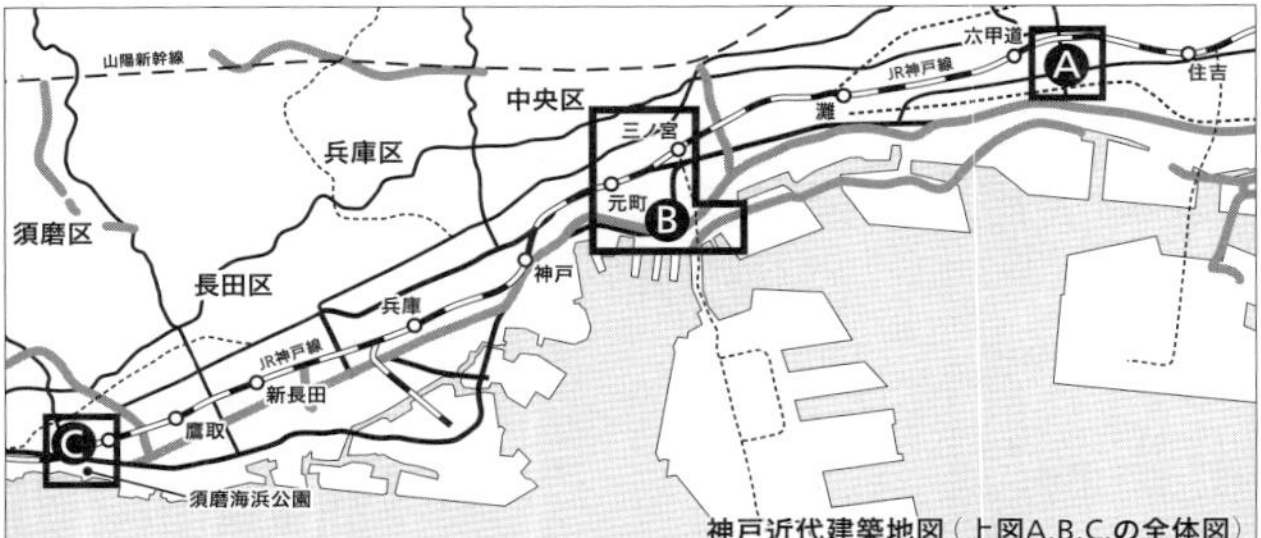

神戸近代建築地図（上図A.B.C.の全体図）

㋮は万城目さん、㋲は門井さんのお薦め建築です

扉写真：海岸ビル

❶兵庫県公館 〔山口半六／1902年／兵庫県神戸市中央区下山手通4―4―1〕

万城目 建築対談シリーズも大阪、京都ときて、遂に神戸にやってきました。

門井 楽しみです。まず最初は、万城目さんお薦めの兵庫県公館。旧兵庫県庁なんですけれども。

万城目 今回は馴染みのない土地なもので、資料などをもとに、自分がこの目で見てみたいところを選びました。行政トップの建物って、大阪だと大阪府庁、京都には京都市役所と、その土地のシンボル的存在なんですよ。神戸でもまず、そこを押さえておきたいと思って。

門井 ご覧になってどうですか。

万城目 いやあ、お上《かみ》っぽくないので驚きました。竣工が明治三十五（一九〇二）年、日英同盟締結の年でしょう。日本がこれから世界で覇を唱えていこうという時期に建てられたにしては、非常に牧歌的で、庭などはまるで学校の花壇のような雰囲気。正直、もっと居丈高《いたけだか》な建物を想像してたんですが。

門井 当時の県庁って、銀行と並んで権威的な建築の二大巨頭みたいなところがあるんですけれども、万城目さんのいうとおり、ここはおっとりしていますね。県庁なのに中庭を作って、回廊を巡らせているのも、とても贅沢《ぜいたく》。採光の目的もあるんでしょうが。

万城目 お洒落ですよね。これが神戸かと、先制パンチを食らった感じです。中庭なんて、古き良き女学校を思わせますよ。袴姿の女学生がいたら、さぞ似合ったのではないでしょうか。

門井 設計したのは山口半六《やまぐちはんろく》。明治の前半に活躍した日本人建築家の草分けで、もともとは東京で文部省に在籍して学校関係の建物を設計していた人なんですが、彼がなぜ関

兵庫県公館。結局、山口半六はこの県庁の完成を見ることなく、明治三十三(一九〇〇)年この世を去った。享年四十二。(門井)

西に来たかというと、肺結核なんです。温かいところで転地療養しないといけなくなって、仕事を辞め、兵庫県の須磨《すま》で暮らし始める。で、二年ぐらい静養したところで、もう治る見込みなしと。当時の肺結核は死病ですから、余命が長くないことを悟った。そのとき山口半六が何をしたかというと、関西を舞台に猛烈に仕事を再開するんですね。それからわずか五、六年で亡くなるんですけれど、その間にものすごい数の仕事をして、彼の最後の仕事のひとつがこの兵庫県庁でした。死に瀕《ひん》した状況で県庁の設計に取り組んで、このおっとりした感じを出すというのは、逆に凄《すご》みを感じます。

万城目 死期を悟って、かえって気張らずに造れたのかもしれませんね。

❷神戸ムスリムモスク

〔ヤン・ヨセフ・スワガー／1935年／兵庫県神戸市中央区中山手通2─25─14〕

万城目 坂を登って、モスクに到着しました。ガラッと建物の趣向が変わりますが、こちらは門井さんのお薦め建築。

門井 神戸というのは港町でしょう。当然、やって来るのはヨーロッパ、アメリカの人だけでなく、その下働きとかボーイさんという形で、インドや、遠くはオスマン・トルコからも人が入ってきました。となると必然的にこういうモスクも作られるわけで、これも港町らしさのシンボルだと思うんですね。

神戸ムスリムモスク。遠くから見ると、尖塔は土筆《つくし》にそっくり。親しみが持てます。（門井）

万城目　僕にはイスラム教に関する苦い思い出がありまして。昔、マレーシアをひとり旅したときに、大きなモスクにひとり勝手にふらっと入り、中を見学してたんです。そしたら女性に呼び止められ、「アー・ユー・ムスリム？」と訊かれた。「ノー」と答えたら、すぐ出ていけと。正門の前で他の人と一緒に靴を脱いで裸足で入ってたんですけれども、近くの裏口からすぐ出ていけと言われた。広いモスクやったんで、塀と建物の間の砂利の上を裸足で延々と歩いて、正門までとぼとぼ戻ったんですよ。

門井　あらら、裸足で？

万城目　はい。それが僕の唯一の回教徒との触れ合いだったので、今日、ここに来るのが内心、怖かったんですけれども、どうやらお留守のようで（笑）。

門井　ここ、いまでも普通の教会として日常的に使われているようですね。

万城目　当たり前ですけれど、ドームがあって尖塔《せんとう》があるから、見た瞬間、遠くからでも、あ、モスクや、とすぐにわかりました。

門井　入口にはアラベスク文様もあります。こんなに小さくても、ひととおりモスクの要素は揃ってるんですね。
さっき万城目さん、お向かいのアラビア食材店で、回教徒らしい女性とレジでコミュニケーションとられてましたけど、何を話してたんですか。

万城目 インドネシア産のタマリンドジュースなるものを買ってみたんです。見た目は美味《おい》しそうやったんですが、なんか酸っぱい、初めての味がして、訊いたら、豆のジュースだということなんですけれども、飲みきれずにギブアップしてしまいました。

門井 こういうアラビア食材の専門店があるのも、モスクが地元に根づいている証拠ですね。

万城目 店員の女性もスカーフで髪を隠していました。日本の方のようでしたけれど、イスラム教徒のコミュニティがしっかり機能しているんでしょうね。

入口のアラベスク文様。

❸うろこの家

〔設計者不詳／1905年／兵庫県神戸市中央区北野町2—20—4〕

門井 さらに坂を登り、車も入れない細い道を抜けると、うろこの家ですね。

うろこの家。

万城目　ここ、じつは個人的な思い出があるんです。作家になる前に一度来たことがあるんですけれども、非常に暑い夏の日に坂道を登り、登りに登ってようやくうろこの家の前に辿《たど》り着いたところで、入館料の高さに打ちのめされた。

門井　ひとり、千円という。

万城目　僕、そのとき会社を辞めて無職でしたから、告白しますと、千円、よう払わんかった。恥ずかしながら来た道をそのまま引き返したんですね。しかもここ、千円払って敷地の中に入らなかったら、建物の外観すら、外からは見えへんのですよ。だから、今日、取材という名目で中に入れるというのは……。

門井　リベンジですね。

万城目　三十四歳になった今、ようやくあの入口を——今日も自分ではお金払ってませんけれど（笑）——くぐることができる。感無量でございます。

門井　ご覧になっていかがですか。

万城目　まずひとつ、申し上げたい。このうろこの家には、すぐ左隣にそっくりの建物があります。

門井　うろこ美術館。

万城目　ぱっと見、まったく同じイミテーション。このうろこ美術館というものがくっついているために、もはや我々は、うろこの家を一個の建物として虚心坦懐に見ることが不可能である。

門井　予備知識がないと、このふたつの建物の関係がわかりにくいですよね。ひとつの大きな家のようにも見えるし。

万城目　よくよく見ると、うろこを構成している一枚一枚のスレート［★1］の質感が明らかに違うので、美術館のほうは後から本家に似せて作られたものだとわかるんですけど

★1…スレートとは粘板岩を薄く剝いだ建材で、屋根葺きや壁に用いられる。現在ではセメントで人工的に成形したものもあるため、本来のものを天然スレートと呼び区別することが多い。

ね。本家は壁の色ムラがあくまでもスレート材の自然な褪色によるものなのに、美術館のほうは明らかに最初から着色してグラデーションを作っている。ここは声を大にしていいたい。この美術館には、本家に対する敬意が感じられないんですよ。

門井　天然スレートというのはヨーロッパでは伝統的な建材なんです。うろこの家は、もともと明治後期に居留地に建てられた外国人向けの高級貸家ですから、日本ではあまり馴染みのない天然スレート材を、その壊れやすさにもかかわらず、おそらくはわざわざ船で運んできて用いたんだと思います。それだけの手間をかけたということは、やっぱりヨーロッパ人にとってスレートは貴重な心の建材なんであろうと。あるいは異国の地にあって故郷への郷愁をかき立てる、そういう建材だったのかもしれません。

万城目　なるほど。うろこの家がそれだけの歴史的背景をもつ建築であるだけに、隣にまがいものを建てるようなセンスの持ち主に現在、所有されていることが残念でなりません。室内にも、明らかに当時はなかったであろう変な像が飾ってあったり、なぜか庭にはイギリスの赤い電話ボックスが置かれていたり。

門井　鼻をなでると幸せになれるという、庭の猪《いのしし》像も変ですよね（笑）。

万城目　すべてがちょっとずつちぐはぐで、八〇年代のファンシーな感じがするんですよ。バブルっぽいというか。

門井　同感です。ただ、万城目さんに同意しつつも、あえて現オーナーの弁護を試みるとすれば、先ほどの、入館料千円の問題ってありますよね。

万城目　はい。

門井　とかく我々は近代建築を保存せよ、そのために行政が金を出せと軽々に言いがちなんですけれども、このうろこの家で行われていることを好意的に解釈するならば、これは民間人が、建築の維持、保存というものを自前で行うための試みであると。

万城目　ふむ。

門井　民間人がお客さんから高いお金をとって、とるからには過剰にデコレーションして、それで近代建築を維持していく。これはうろこの家だけじゃなく、北野エリア全体にいえることなんですが、是非はともかく、保存のひとつのあり方として全否定はできない。むろん、かつての万城目さんみたいに、辿り着いたけれどお金を払えず、無念のうちに去っていく人もいるでしょうけれど。

万城目　たとえば修学旅行の中学生が、同じグループ六人であそこまで坂を登ったとして、僕は門前で意見が分かれると思います。俺は千円払う、俺は払わへん、と。今日も風見鶏《かざみどり》の館の前の広場で、男の子らが座り込んでたじゃないですか。あれ、もしかしたら僕と同じで、お金を払いたくない子たちではないか。場違いなところに来てしまったという絶望感に打ちひしがれていたのではないか。

門井　そんなきっかけであの子たちが近代建築に悪印象を抱くとすれば、長い目でみてやっぱりよくないのかもしれないなあ……。兵庫県公館なんて、誰でも無料でふらっと入れるわけですしね。

万城目 そうですよ。

門井 うーん、うろこの家を見て、まさかこんなに複雑な思いを抱くことになろうとは、思ってもみませんでした。

万城目 まだ三軒目なのに、今回はいろんなことを考えさせられますねえ。

❹ 御《み》影《かげ》公会堂 ［清水栄二／1933年／兵庫県神戸市東灘区御影石町4―4―1］

万城目 山の手からまた麓《ふもと》に下り、今度はずいぶん東、東灘区までやってきました。前々回の大阪では中央公会堂へ行きましたけれど、今回は御影の公会堂。

門井 建築物のデザインという点では、私は今日、これを読者の皆様にお届けするために神戸までやって来たといっても過言ではありません。

万城目 確かにユニークですね。

門井 まったく独創的で、日本中の他のあらゆる建物に似ていない。このデザインのすばらしさをこれから申し上げるわけですけれど……。

御影公会堂の吹き抜け階段。

万城目 お願いします（笑）。

門井 ひと言でいうと、前衛的でありながらストーリー性が高い。建物に向かって東側（右側）からいきますと、まず普通の三階建てビルディングのような装いで、穏やかに物語が始まります。次に、横のラインが入り、その横のラインをいきなり縦の五本線でズバンと断ち切ってしまう。で、見ている人を驚かせておいて、直後、直線に対して今度は曲線で攻めてくる。建物のコーナーを曲線で丸めてくるんです。その真上に正体不明の円盤を載せ、謎の円盤によって曲線性をさらに強調する。ストーリーとしてはこのへんがクライマックスです。で、コーナーを回ると、曲線の余韻を奏でるべく丸窓が三つ縦に置いてあって……。

ここのところ、ぜひ本文と写真を照らしあわせてお読みください。（門井）

万城目 丸窓三つ、おもしろい。

門井 この丸窓は、あと十センチ上でも下でもダメというくらい絶妙の位置にあると思います。この曲線性の余韻を嗅《か》いだあとに、ふたたび直線に戻りまして、今度は階段状にダンダンダンと上から落としていって、終末に向かってデクレッシェンドしていくわけです。

万城目 すごい。

門井 デクレッシェンドしたものが最後にもとの高さに戻って、おしまい。起承転結がきれいにできていて、ストーリー性が高く、それでいて全体を見るとどこからどう見ても前衛的な建物である。

万城目 前衛です。でも、前衛なのに落ち着きもあって、まわりの景色に溶け込んでますよね。ほどよくボロくて、汚れてるという言い方もできるかもしれませんが（笑）。

門井 さらにもうひとつアピールするとすれば、この地下の食堂です。

万城目 これはすばらしい。古き良き洋食グリルという雰囲気ですね。門井さんが注文したのはオムハヤシですか。

門井 はい。このデミグラスソースは十日間煮込んであるそうです。とろとろ熱々で、タマネギはシャキシャキ。オムライスも絶品ですね。万城目さんが召し上がったのは？

万城目 僕は海老フライにタンシチューの小鉢。

門井　この海老も旨《うま》そうですねえ、尾頭付きで。

万城目　こってりタルタルソースで、美味しいですよ。海老が二匹、タンシチューの中に大きいジャガイモが丸々一個、さらにその横にポテトサラダ（笑）、そしてご飯、さらにパスタ。どんだけ炭水化物ばっかり食わせんねん（笑）。

門井　大阪の中央公会堂にも地下にやっぱり洋食屋さんがございまして。

万城目　ありますね。あそこもオムライスが名物です。

門井　このふたつの公会堂の共通性って、おもしろいんです。どちらも市民の寄付によって建てられている。大阪の公会堂は岩本栄之助《いわもとえいのすけ》という相場師の寄付。こちら御影公会堂は、嘉納治兵衛《かのうじへえ》という酒造会社の社長さんが建設費の九割を負担している。御影は「灘五郷」のひとつでして、江戸時代以来、いわゆる灘の酒蔵がたくさんあったところです。嘉納治兵衛は「白鶴」を作ってる酒造会社の社長なんですね。大阪は相場、神戸はお酒というのが、町の特徴をよく示しています。

万城目　さらにいえば、せっかく儲けたお金をポンと寄付して公会堂を建てるって、京都人にはない発想です（笑）。

門井　「白鶴」はいまでも大ブランドですけれど、意外なことに白鶴酒造、明治になって不振を極めるんですね。潰れる寸前の危機に陥ったところに、この七代目が、奈良から養子に入って近代的経営を採り入れる。もうひとつ、ちょうど日清、日露戦争の時代になって軍用酒の需要が爆発的に伸びるんです。要するに、戦地の兵隊さんに飲んでもらうお酒［★2］。

万城目 へえー、軍用酒。

門井 これで業績が一気に伸びて、今日の大会社に成長する礎《いしずえ》ができた。この公会堂、平成七（一九九五）年の阪神大震災のときには避難所になりましたし、今日も詩吟や書道教室などに使われていて、市民への貢献度がきわめて高い建築物なので、何とかもうちょっときれいにしていただきたいというのが、私の切なる要望なんですけれども。

万城目 ボロくなっても昔のまま使ってるところがほんとに庶民的ですね。

❺旧神戸市立生糸検査所 ［清水栄二／1927年／兵庫県神戸市中央区小野浜町1―4］

万城目 今度は港のほうへ移動しまして、旧神戸市立生糸検査所。こちらも門井さんお薦めの建物です。

門井 はじめ神戸に生糸の検査所があったと聞いて、え、なんで、と思ったんです。というのも、生糸って明治初年から輸出を開始して以来、積み出し港はずっと横浜なんですね。どうして神戸に？　と不思議に思い、調べてみましたら、この検査所が作られたのは関東大震災のあと。つまり、関東大震災で横浜港が大ダメージを受けたけれども、最重要の輸出品である生糸をとにかく出さなきゃいけない。それで急遽《きゅうきょ》、神戸に輸出港を持ってきたということなんですね。

万城目 現在ではギャラリーのような空間になっていて、美大の学生さんたちが妙なオブジェを作ってますね。

門井 こちらの部屋には、生糸の検査機械が撤去されずに残っていますよ。

万城目 うわ、これはうれしい。昔の機械って、眺めているだけで興奮します。生糸に触るのは初めてなのですが、こんなに柔らかいとは。合成繊維とは全然違いますね。

門井 この建物は立地もすごくて、神戸税関の向かいでしょう。一般に港町では、税関に近ければ近いほど地価が高くなるんです。税関の真ん前という最高の場所に生糸検査所を建てたというところに、かつて日本にとって生糸がいかに重要な品物だったかという名残りを感じることができます。

玄関の謎のオブジェ。詳しくは112ページにて。

★2…この七代目、第二次大戦時にはもう隠居していたが、空襲で酒蔵がほとんど焼けたと聞いたときにも悠然と「うん、振り出しに戻った」とうそぶいたという。大人物です。（門井）

万城目 生糸が輸出品一位の時期って、長かったですもんね。

門井 そう。明治の終わり頃には、中国を抜いて世界一になったんですよ［★3］。

万城目 僕は作家になる前、化学繊維メーカーで働いてたんですけれど、繊維管理室という部署があるんです。そこでチェックしてOKが出たら製品として売りに出せる。つまり、企業が自分で品質チェックをやるわけです。ところが、検査所があった頃は、メイド・イン・ジャパンの製品として国家自身が生糸のチェックを行っている。まさに国策、国の産業だったということですね。

門井 そう思ってあたりを眺めると、古くなった部屋のそこここから、熱い国家プロジェクトの残り香が漂ってくるような気もしますね。

　この建物、建築としては一応、ゴシック様式といわれています。垂直に上に伸びるイメージと、入口の尖頭《せんとう》アーチと［★4］。

旧神戸市立生糸検査所。

万城目　きわめて統制のとれた、管理の象徴のような威圧感がありますね。

門井　イギリスの国会議事堂が典型で、いわゆるゴシック・リヴァイヴァルというんですけれど、要するに「昔はよかった」っていう建築様式なんです。今は産業革命のおかげで世の中があんまり発達しすぎて無機質になってしまった、これはよくない、ここらへんで中世のよさを思い出そうじゃないかと。それが十九世紀のイギリスでゴシック・リヴァイヴァルという運動になり、この検査所も、その流れを汲《く》んで作られた。

そう考えると、イギリスでは産業革命に対する反省、つまりアンチ産業革命の建築運動だったんですね。それが日本に来ると生糸検査所という、まさに産業革命そのものの建築のために用いられたわけで、日本人がまたひとつ、歴史的文脈を無視して西洋のものを取り入れた好例であるという言い方もできます。

万城目　その後、生糸産業が廃《すた》れ、今では権威もへったくれもない学生の遊び場所として使われている。これもまた歴史の皮肉でしょうね。

ところで、この建物のデザインで議論を呼びそうなのは、玄関の謎のオブジェです。

★3…戦前の生糸の最大の輸出先はアメリカだが、一説によると、これはアメリカで女性の社会進出が本格的になり、ファッションが都会的になって、スカートが短くなったからだとか。スカートが短くなったぶん、絹製のストッキングや靴下の需要がふえて、生糸が……ほんと？（門井）

★4…神戸ムスリムモスクのところで出てきたのは「尖塔」。こちらは「尖頭」。建築用語はときどき校正者泣かせ。（門井）

一説には、蚕《かいこ》の頭部をデザインしたものだといわれますが、そう見えますか？

門井　うーん。芋虫の頭には見えないなあ（笑）。一応、私の仮説としては、蚕の頭ではなく、下の部分は桑の実じゃないかと。桑って集合果で、ラズベリーに似てるんですよ。英語ではマルベリー。

万城目　ほう。

門井　である以上は、上の部分は桑の葉っぱであろうと。蚕が食べる桑の葉っぱを実と一緒に丸め込んで図案化したものではないか、と思うんですが。

❻商船三井ビルディング　［渡辺節／1922年／兵庫県神戸市中央区海岸通5］

万城目　旧居留地のあたりまで足を運びますと、一気にお洒落な町並みになりますね。

門井　万城目さんお薦めの商船三井ビルディングにやってきました。

万城目　これは資料の写真があまりにすばらしいので、ぜひこの目で見たいと思って選んだんですけれど……。「写真写りのよすぎる近代建築には注意」って法則を作ってもいいですねえ。

門井　厳しいなあ（笑）。たしかにこのガイド本の写真は、実物よりすばらしいですけれど。

万城目 ほんま、水商売の自己アピール写真並みですよ（笑）。いや、実物がまったくダメということはないんですよ。アメリカ風のモダンな近代建築で、悪くないんですけれど、写真の雰囲気と違いすぎるんです。たしか、大阪のときも同じように思った建築があって……［★5］。

門井 芝川ビルですね。

商船三井ビルディング。

万城目 あれも写真ではじつにミステリアスな雰囲気を放っていたけれど、いざ行くと、ちょっとやんちゃな社長が経営するコンセプト居酒屋みたいだった。

門井 ひとつ、写真写りがいいということと関連があると思うんですが、このあたり一帯、旧居留地には電柱、電線が少ないんです。

万城目 ほんまや。神戸モ

スクなんてまわりが電線だらけで、外観でずいぶん損をしているなと思ったものですが、旧居留地に電柱が少ないというのは、当初から地下に埋めたということですか。

門井 おそらく居留地を設計する段階で、地下配管を計画していた。

万城目 すごいなあ。

門井 横浜と神戸の町づくりって、十五年のタイムラグがあるんです。横浜は幕末に開港しているけれど、神戸はずるずる延びて、居留地が開けたのは明治元年なんですね。なので、町づくりをする上で、横浜の不便なところを参考にできる優位さがあった［★6］。居留地を設計したハートさんというお雇い外国人も偉いんですけど、当時の初代兵庫県知事がきわめて有能な人で、誰あろう、伊藤博文です。

万城目 まだ二十代の頃ですよね。

門井 のちのち中央政界でのしていくだけあって、当時から抜きんでた才能があったんですよ。単に木戸孝允の腰巾着だったというわけではないんです。

万城目 偉いもんですねえ。今に至るまでちゃんと町の美しさに影響を残しているんですから。

門井 この商船三井ビル、設計は渡辺節《わたなべせつ》で、万城目さん最愛の大阪・綿業会館を設計した建築家でもあります。万城目さん、かなりの渡辺節好きですね。

万城目 何も考えずに選んで重なってしまうわけですから、縁があるんでしょうね。たぶん、わかりやすいんです。ちょっとハイソになりたい大衆の心をうまいこと摑む建築家なんやと思います。

❼海岸ビル
［河合浩蔵／1918年／兵庫県神戸市中央区海岸通3］

門井　商船三井ビルのすぐ隣に、非常に個性的な姿の海岸ビルがあります。

万城目　旧三井物産の建物を高層ビルに建て替えるとき、道路に面している二面だけ、壁を残して高層ビルの外側にペタッと貼り付けたんですね。中身はもうまっさらの現代建

★5…写真と現実とのギャップについて少々。
取材の際、持参のデジカメで気に入った建物を撮ることもあるのですが、これがまあ、上手く撮れない。同行のプロカメラマンの写真や、参考にした資料の写真とは、その迫力や構図に雲泥の差が生まれます。それだけに、写真を見てイメージを高めて現場に挑むと、逆に「あれ？」と思うことがなきにしもあらず。写真の出来がよすぎて、現実が不当な評価減を下されているのです。しかし、写真の出来がよくないと、そもそもその建物をチョイスしなかったわけで、まさにジレンマと言える、写真によるイメージと現実とのギャップ問題であります。（万城目）

★6…ただ、ひとつ忘れたくないのは、居留地というのは本来はハイカラな観光地でも何でもなく、治外法権の設定された一種の被占領地だということ。国家的敗北のたまものなのだ。
明治政府があれほど欧米各国に対する不平等条約の改正に熱心だったのは、治外法権に関するかぎり、要するに「居留地」を「旧居留地」にしようとしたのだった。
実際、神戸の居留地は、在住外国人の保護という理由でほんとうに軍事的に占領されたこともある。そういう歴史のきびしい一面を、われわれは消費させてもらっている。（門井）

築なんですよね。

門井　はい。外側だけ残すファサード保存という手法です。前回京都で見た、三条通の日本生命ビルが同じやり方をしていました。三条通が近代建築の多く並ぶ立地であったのと同様、こちらも旧居留地という土地柄、こういう保存法が選ばれたんだと思います。つまり、本来は建物そのものというより、むしろ町並みのための保存法なんですけれど……［★7］。

万城目　結果としてすごいインパクトのある外観になってしまっていますが、町並み的にはこれ、大丈夫なんでしょうか（笑）。どんな形であれ、建物を残すことは絶対にいいことだと思うんですけれども。

門井　海岸ビルの魅力って、人馬一体じゃないですけれど、新旧セット、上下合わせ

海岸ビル（左側の建物）。

技のインパクトなんですよね。この見た目のショッキングさがすべて。

万城目 上の部分、いまにもクルクル回りだしそうですもんね（笑）。

門井 下の部分の――という言い方もおかしいですが――設計は、河合浩蔵《かわいこうぞう》。辰野金吾《たつのきんご》とほぼ同じ世代の人です。

万城目 コンドルに学んだ第一世代。

門井 そうです。工部大学校の前身である工学寮の、第二期生が河合浩蔵なんですが、なぜか河合浩蔵、卒業するときは四期生になっていて（笑）。

万城目 ダブッたんですね。僕も大学五年行ってますから、なんだか親しみがわいてきます（笑）。

門井 実際、兄貴分として仲間から非常に慕われた。まあ、現実に兄貴なんですけど。

万城目 ハハハハ。

門井 彼にはものすごく現実的な適応力があったらしくて、卒業後、ベックマンというドイツ人のお雇い外国人が来て［★8］、何人かドイツに留学させようという話が出たとき、みんな行きたいわけです。俺も行く、俺も行くという状況ですごい競争率になると、さ

★7…神戸には「海岸ビル」が複数あるのでご注意を。こちらは旧三井物産のビルです。まぢかで見ると上下一体のおもしろさがわからないので、道の向かい側から見るといいでしょう。（門井）
★8…お雇い外国人については、127ページの注参照。（門井）

ほど成績のよくなかった河合浩蔵はまず無理だと。そこから彼は策略を練るんです。まず官費留学生の枠では他の優秀な人材に負けるから、左官とか瓦職人などの職人枠で行かせてくれと先生に頼む。そちらのほうが募集枠が大きいんですね。

万城目 なるほど。とにかくドイツに行けさえすればいいと。

門井 こっちのもんだと。でも、職人枠でもやはり希望者が多いらしいと知ると、次はベックマンさんに通訳をやらせてくれと頼み込んだ。たしかに日本語の通訳は必要ですからね。最終的に、彼は職人枠にもぐりこむことができたんですけれども、とにかく二重、三重の策略を練って目的を達するし、ライバルを蹴落とす。そういう活動を熱心にしてドイツに行ったという逸話が残っています。

万城目 おもしろい人ですね。

門井 辰野と同じ赤レンガ建築世代で、現在の法務省は河合浩蔵が実質的に設計しました。

万城目 なるほど、辰野金吾の東京駅とは何かが違うんですよね。法務省って、少し素っ気ない赤レンガというか。

門井 権威のない赤レンガというか。

万城目 なんか素朴な、洋装してるけど撫で肩の日本人みたいな、そんなイメージです。渡辺節の商船三井ビルは、モダンで、帽子をかぶった男前の紳士がタンタンと入口の階段から降りてきそうな雰囲気ですが、隣の河合浩蔵の海岸ビルは、ちょっと重たい感じですよね。

❽大丸神戸店

［設計者不詳／1926年／兵庫県神戸市中央区明石町40］

門井　元町のほうに歩いてきて、大丸神戸店です。旧液体空気日本支店。万城目さんのお薦め建築なんですけれど。

万城目　元町の街頭をご覧ください。あちこちにヴィッセル神戸のフラッグが翻《ひるがえ》ってますよね。これ、ヴィッセルにキング・カズこと三浦知良選手がいた時代の話なんですが、大丸神戸店のすぐ外側を大きな回廊が巡ってるんです。回廊の柱と柱は五メートルぐらい幅があって、そこがオープンカフェになってるんですが、週末のある日、このカフェのど真ん前にキング・カズがポルシェでキュッと乗り付け、上下白のスーツで颯爽《さっそう》と降り立って、路面カフェの椅子に腰掛け、若手選手たちと白昼堂々、ポーカーに興じていたというんです。

門井　それ、もう、日本の風景じゃありませんね。

万城目　カズイズムのひとつに、スターは皆に夢と希望を与えなければいけない、というのがあります。手を抜かないわけです。彼は常にスターですから。

大丸神戸店の回廊にてキング伝説に思いを馳せる。

門井　ピッチの外でも。

万城目　もちろん。そういう話を現場を実際に目撃した友人から聞きまして、その伝説のオープンカフェを見てみたかったんです。

門井　いざ、ご覧になった感想は？

万城目　運悪く、店の前の道路が思いっきり工事中で（笑）、ポルシェで乗り付けようにも乗り付けられません。目の前に工事のガードフェンスが並んでるんで、カフェにいてもあんまりスマートな雰囲気がしませんし……ま、そんな感じでここは軽く流してください（笑）。

❾みなと元町駅

［辰野金吾／１９０８年／兵庫県神戸市中央区栄町通４］

万城目　元町商店街をひやかし、南京町では名物の豚まんをほおばって、ぶらぶら食べ歩きをしているうちに、遠くに赤レンガの建物が見えてきて……。

門井　いままでの蓄積がありますから、我々、あ、あれは辰野建築だと、すぐにわかるんですよね。百メートル、五十メートルと近づいていって、いよいよ間近に迫ったときに、あれ？　建物の窓越しに向こうの建物が見えるぞって（笑）。

万城目　本当なら、建物の中が見えるはずなのに、窓越しに「〇〇パーキング」って看板が見えるし、あれ？　空も見えるよ、みたいな（笑）。
結論をいいますと、壮麗な赤レンガの辰野式建築は、壁だけなんです。ガイド本に曰く、もともと旧第一銀行神戸支店だった建物が震災でダメージを受け、現在は地下鉄の駅として再利用されている。これだけ読んだら、当然、建物全体を駅舎として使ってると思いますよね。

門井　私もそう思ってました。

万城目　ところが土地のほとんどは更地になって青空パーキングになり、通りからの目隠しのために、辰野式の外壁が用いられている。ちゃんと説明書きのプレートもありました。「旧第一銀行神戸支店外壁」と（笑）。

門井　究極のファサード保存。っていうか、ファサードだけ保存。

万城目　ほんとに壁だけで、劇の書き割りみたい。でも、この外壁がすばらしくて、辰野金吾にしてはお茶目といいますか、模様が普段より細かいんですよ。

門井　遊び心がありますね。

万城目　コンパクトな壁面に様々な意匠が凝《こ》らされていて、いろんな楽しみ方ができる。東京駅なんかと比べて密度が濃いんです。辰野式の中でもユニークな建築なので、せめて窓から向こうが見えない工夫があってもよかったんじゃないか。それに、壁だけで「近畿の駅百選選定駅」とか言われても、ちょっと無茶やと思いますよ。駅の機能って、

みなと元町駅。

ただ地下鉄の入口があるだけですやん。

門井　前回歩いた京都は、戦災にも震災にも見舞われることがなかったため、古い建築が残っていました。一方、今回の神戸は戦災も震災も被《こうむ》りました。しかも震災はついこの間です。残せるものは何が何でも残すという、その執念みたいなものの現われなのでしょうか。

万城目　誤解を恐れずにいえば、この壁を見て、空爆を受けたサラエボの風景を連想したんです。これ、まさに震災の爪痕を象徴する建物であって、そう考えると、さんざん失笑した後ですけれど、粛然たる思いになります。

門井　更地になり、駐車場になってしまっていることが、かえって生々しく震災の気配を伝えていますね。

万城目 まあ、でも、実際、壁の向こうに軽自動車が停まってると、どうしても笑ってしまいますけれど（笑）。

門井 今後、どうなっていくんでしょう。中に建物が建つのかな。

万城目 可能性としては、海岸ビル方式で、内側にマンションを建てる。駅直結で、すごく便利ですよ。しかも辰野金吾建築の外壁を使っているなんて、贅沢極まりないじゃないですか。

門井 この辰野式、何年もこのままで残ってるとは限らないので、ぜひ読者の皆様はいまのうちにご覧ください。

⑩旧和田岬灯台

〔リチャード・ヘンリー・ブラントン／1871年／兵庫県神戸市須磨区須磨浦通1—1　須磨海浜公園内（移築保存されているのは、1884年に鋳鉄製で改築された二代目の灯台）〕

万城目 濃密だった神戸の建築探訪も、いよいよ最後。西へ西へと移動して、須磨海浜公園にやってきました。

門井 遠くてすみません（笑）。

万城目 ガイド本にも載ってないようなこの灯台に、門井さんが注目されたのはどうしてですか。

門井 プライベートな話で恐縮なんですが、この近くの水族館に家族で出かけたこと

旧和田岬灯台。雨のなかの赤が
ひときわ鮮烈。(門井)

があって、そのとき遠目に赤い建物があるなと。最初、消防団の櫓《やぐら》かなあと思ったんですけど、櫓にしては低すぎるとも思って、あとで調べてみたら灯台だと。しかも、非常に重要な近代化遺産であるということがわかった。ああ、あのとき家族を待たせてでも、もっとじっくり見ておくべきだったなあという心残りがあって（笑）、その心残りを果たすために今日、やってきました。改めて近くで見ても、やっぱり低いです（笑）。

万城目 そして赤い。この赤色の塗り方は、イギリスっぽい感じがします。

門井 おっしゃるとおり、イギリス人のリチャード・ヘンリー・ブラントンさんの設計です。厳密にいうとブラントンさんが作ったのは初代の木製灯台で、明治四年、和田岬というもっと港に近い場所に建てられました［★9］。やがて木造じゃダメだとなって、ブラントンさんが帰った後、日本人が作った二代目の鉄骨灯台が長らく現役だったんですけど、昭和三十八（一九六三）年に廃灯になって、現在の須磨海浜公園に移築されたのがこれです。

万城目 なるほど、廃灯っていう言葉があるんですね。

門井 順にお話ししますと、灯台を作りたいから技師を招きたいとイギリスに頼んだのは、もともと明治新政府じゃなくて徳川幕府なんです。ところが、イギリス側で人選をして、ブラントンさんが来日したときには、幕府は滅びてた（笑）。それで、明治政府が彼を改めて雇うことにして、ブラントンさんはお雇い外国人第一号と言われているんです［★10］。

万城目　第一号とは、すごい。

門井　ただこの人、イギリスで何をしてたかというと鉄道技師で、灯台なんてひとつも作っていない。

万城目　全然ちゃいますやん（笑）。

門井　たぶん産業革命が一段落して、鉄道の建設ラッシュも終わり、仕事がなかったと思うんですよ。だからブラントンさん、日本行きに応募する前に、インドの技師募集にも応募してる。分野は何かというと、こちらは灌漑《かんがい》技術。

万城目　何でもよかったんですね。

門井　そしたら灌漑に落っこちて、日本の灯台に合格した。それでがんばって灯台の勉強を始めたそうです。

★9…このあたりは古代には大輪田泊《おおわだのとまり》と呼ばれた、いわば日本最古の港湾都市だった。平清盛がここを全面的に改修して日宋貿易の拠点にしようとしたことは有名。（門井）

★10…お雇い外国人というのは、明治の初期、先進文明の移入のため主として政府がまねいた欧米人のこと。法律のロエスレル、地質学のナウマン、北海道開拓のクラークなどが著名。日本政府は彼らのために、国務大臣級の――ときにはそれ以上の――高額の報酬を用意した。

わが建築学の分野には、ニコライ堂で有名なコンドルがいる。辰野金吾も片山東熊も河合浩蔵も、みんなこのイギリス人建築家のもとから巣立ったのだ。（門井）

万城目 そんないい加減なことで「日本の灯台の父」と呼ばれてるんですか。いやいやいやいや、日本もずいぶんなめられたもんやないですか（笑）。

門井 ただ、当時の日本のほうも、なめられても仕方がない状況ではあった。灯台というもの自体がなかったわけですから。

万城目 あれ？　江戸時代にはなかったんですか。

門井 当時はもっぱら石灯籠です。沿岸航海のみで、遠くから目視する必要がないので。

万城目 そうか。外洋から船が来ることを想定してなかったわけですね。

門井 明治になり、一応、日本人も、見よう見まねで鉄骨を組んで、洋式の灯台を長崎かどこかで作ってみたらしいんです。それをブラントンさんが視察したところ、鉄骨はわりあいちゃんと組んである。ただ、上の灯室に入ると、油のランプがぽつんと置いてあるだけで、レンズとか反射鏡とかが何にもなかった。

万城目 それじゃあ見えませんね。

門井 遠くに光を送る発想がない。しかも、ブラントンさんにとっては意味がわからないことに、ランプのまわりをグルッと障子紙で囲っている（笑）。

万城目 行灯《あんどん》だ。

門井 いったいこの紙は何だと。

万城目 間接照明です（笑）。品よく、柔らかい光を届けようと。

門井 気密性も低くて、灯台なのに風が吹いたら消えてしまう。日本人が独力で作った灯台がその程度だったんで、ブラントンさんに威張られてもしょうがない。これが日本の灯台史のスタートでした［★11］。

万城目 おもしろいですね。そういう話を聞くと、この小さい灯台、急に価値あるものに思えてきます。

門井 鉄骨にとって海のそばというのは錆《さ》びやすいし、条件としては劣悪だと思うんですけど、現在までよく保存してきたなと思いますね。

万城目 この灯台、登録有形文化財なんですね。こんな小さいのに、大阪城の天守閣と同格と聞くと、ちょっと悔しいものが（笑）。

門井 昭和に再建された大阪城天守閣より、歴史はずいぶん古いですから。

万城目 そうなんですよね。この二代目も明治十七年ということなので。

門井 灯台ってじつは近代化の最重要インフラ［★12］で、明治初年から十年まで、工部

★11…当時の欧米人は、日本に行くなら「生水は飲むな、夜道は歩くな、道でものを売りつけられても財布を出すな」と言われたものだった。いまでは日本人がヨーロッパに行くときにそう言われている。（門井）

★12…欧米からの圧力のほかに、もうひとつ、灯台は「もうからない」という理由もあっただろう。当時はほかにも鉄道や電信や鉱山など、工部省管轄の事業はうんざりするほどあったけれど、これらはみんな収益が見こまれるので、民間の資本がたくさん入った。灯台はもうからないから、政府がお金を出すしかなかった。（門井）

省の総予算の少ないときでも二五パーセント、多いときだと四〇パーセントを灯台関係に使ってるんです。やはり灯台がないと航海の安全にかかわる、人命にかかわるというので、欧米からの圧力がずいぶんあったらしいです。

万城目 明治になって急に海洋国家になったんですね。この広い海に囲まれている状況は、昔から変わらないはずなのに……。あ、中学生のカップルがいちゃつきながら海岸沿いを歩いてきますよ。

門井 平和な光景ですねえ。

万城目 彼らは卒業するまで、この赤いのが日本最初の鉄製灯台とは知らんまま、いちゃいちゃしてるんでしょうね。

探訪を終えて

万城目 最後、海を眺めて終わったんで、さらに印象が深まりましたが、神戸といえば海。役所や旧銀行、公会堂を除いて、今日の十件中じつに六件が何らかの形で海に関係した建築でした。

門井 意識して選んだわけではないのに、結果としてそうなってしまったのは驚きです。これ、大阪や京都にはまったくなかったポイントですね。

万城目 僕は大阪に生まれて京都に学び、今は東京に住んでいるわけですが、いつか関西に戻るときは、神戸の町で暮らしてみたいという漠然とした憧れのようなものがあったんです。今日、実際に訪れてみて、やっぱりただならぬお洒落感があるのに加え、町の雰囲気がさっぱりしていることに驚きました。じつにスマートで、開放感があって……。

門井 万城目さん、京都に対する評価とは正反対ですね（笑）。前回の対談では、京都という町のしつこさ、したたかさを熱く語っておられましたが。

万城目 神戸には、妙な屈託とか、後ろ暗さを感じないんですよ。

門井 京都は古代以来、中世、近世、近代の歴史の蓄積がありますよね。大阪も、少なくとも秀吉さん以降、近世、近代の歴史がある。ところが神戸という町はほぼ近代しかありません。殊に三宮、旧居留地、山の手というエリアはそうです。だから我々も、何となく心が軽くなるんじゃないでしょうか。

万城目 そうか。京都人が「この前の戦争は」って応仁の乱を語るようなことが、神戸ではないですもんね（笑）。

門井 何といってもキング・カズの似合う町ですから。

万城目 神戸で暮らすと、小説がどんどん書けるような気がする（笑）。近代遺産のそばで、それに目もくれないでいちゃつく中学生カップルの姿に、僕、自由の風を感じたんですよ（笑）。

［2011年6月20日］

横浜散歩

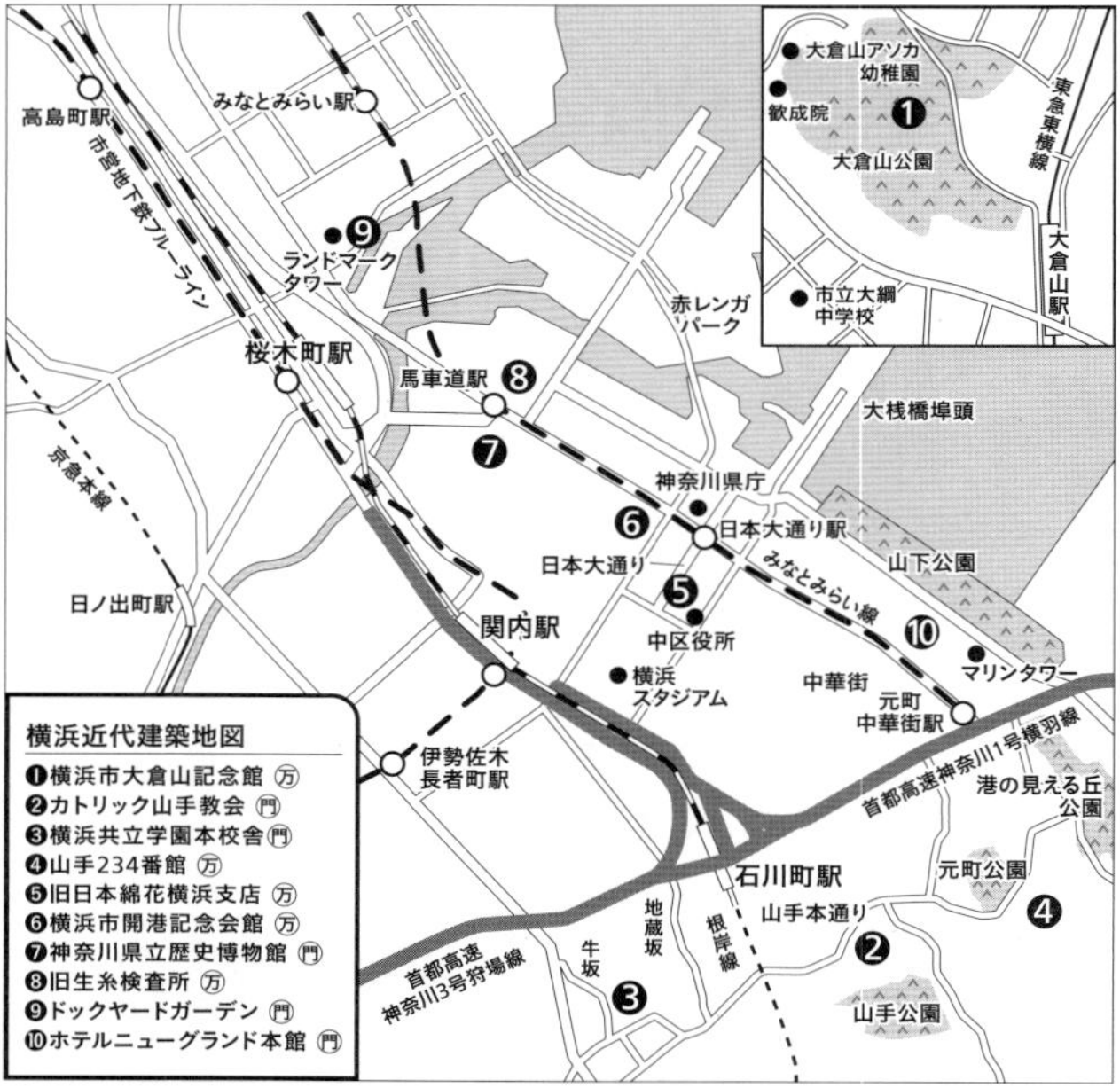

㊄は万城目さん、㊕は門井さんのお薦め建築です

扉写真：横浜市大倉山記念館の内観

❶横浜市大倉山記念館

〔長野宇平治／1932年／神奈川県横浜市港北区大倉山2―10―1〕

門井　恒例の建築散歩、大阪、京都、神戸と、関西をひととおり制覇しまして、満を持しての関東上陸の第一歩が横浜なんですけれど、まずやって来たのは、横浜の中心から少し離れた大倉山。これはちょっと意表をつかれました。万城目さん、どうして大倉山なんでしょう？

万城目　大倉山商店街の街並みがギリシャ風に変貌しているという情報をかねてから耳にしておりまして、どんなもんかと興味があったんです。といいますのも僕、ギリシャに関してはかなりの通であるという自負がありまして。

門井　文壇一のギリシャ通。

万城目（胸を張って）そうです。作家になる前、九六年、二〇〇〇年と、二度にわたってギリシャに行き、エーゲ海の小島をほぼ全部見て回るというひとり旅を敢行しているくらいギリシャを愛していて、今でもチャンスがあればもう一ぺん行きたい外国の筆頭がギリシャなんです。日本国内でギリシャの雰囲気を味わえるもんならば万難を排して大倉山へ、と意気込んで来たんですけれど……。

はっきり申し上げます。いま我々の目の前にパルテノン神殿のような円柱が立ち並んでいますけど、現在のギリシャにあんな柱を立ててる家は一軒もございません（笑）。

門井　昔すぎます（笑）。

万城目　たとえるならば、日本風と称して竪穴式住居や高床式倉庫を再現するくらい古い。同じギリシャでも、これ、古代のギリシャですよ。

門井　そもそもなぜこの商店街が古代ギリシャ風になったのかといえば、今回の最初の目的地、大倉山記念館に深く関係しているそうですが。

万城目　建築史家である藤森照信さんの本によると（『建築探偵　神出鬼没』朝日文庫）、三十年くらい前、大倉山の丘の上にひっそり聳《そび》えていた旧大倉精神文化研究所を藤森さ

横浜市大倉山記念館。

んが発見し、話題になって敷地を横浜市が買い取った。その建築様式がギリシャ風だと地元の人に誤解されて、「大倉山を日本のギリシャに！」という町おこしの一環で商店街が現在のようになったんだそうです。でも実際はこの記念館、古代ギリシャよりもさらに前の、エーゲ海・ミノア文明のスタイルなんですよね？

門井 プレ・ヘレニック様式などといわれています。

万城目 昭和七（一九三二）年の建築で、設計は長野宇平治《ながのうへいじ》。藤森さんの本によれば、長野は西洋古典建築に関する日本一の理解者として名高く、古典様式を究めた最晩年に、明らかに確信犯としてギリシャ以前の異端のスタイルを設計したのではないかと。施主の大倉邦彦は洋紙の問屋オーナーでしたが、関東大震災の後、混迷する日本の思想や文化を深く憂い、その立て直しのために精神文化研究所の創設を思い立ったそうです。

門井 昔は周囲に世界地図を模した庭もあったそうで、見てみたかったなあ。

万城目 大倉さんは、この記念館が建っているぽっこりした丘を、宇宙に浮く地球になぞらえた。で、建物のまわりを世界地図の庭で囲んで、庭の中心に九メートルの穴を掘って〝地球の芯〟として石棺を据え、棺の中に青銅の柱を立てたと。何なんでしょう、この人。無茶苦茶おもしろいのですが（笑）。

裏手にある階段脇の看板には大倉精神文化研究所の文字が残っている。

門井　長野が手がけた建物本体を見ても、列柱の上に三角屋根を置いて、さらにその上に列柱を重ねていく外観はとても変わってます。プレ・ヘレニックのいちばんの特徴は下細まりの柱だといわれますが、下が細い柱は、遠くから見ると何となく頼りない感じがして、違和感を抱かずにはいられないんですけども、建物の中に入って内部の柱を下から見上げると、これはたしかにある種の効果があって、なるほどなあと思いました。

万城目　下が細くて、上が太い柱は、見上げると真っ直ぐに見えるんですね。

門井　そうそう。独特の量感が出ていておもしろいんです。

万城目　普通は、柱を真下からなんて見ないですけどね（笑）。

門井　この太さの差が想像した以上に激しいんですよ。古典主義の柱のエンタシス（柱の中部を太く、上部にかけて徐々に細くする様式）って、真ん中が膨《ふく》らんでるといっても、よく見ないとわからないくらいの微妙な膨らみであることが多いんですけど、この大倉山記念館の円柱は遠くから見てもはっきり下が細くて上が太い。長野宇平治も大胆なことをやったなあと思います。

だいたい日本の近代建築家って、ひとりの人が一つの様式を通すということはまずないんです。やっぱり時代の要請、社会の要請というのがあって、得意だろうが不得意だろうが、建物の性質に応じていくつもの様式を使い分けるのが当たり前。その中にあってこの長野宇平治は、万城目さんもいわれたとおり、ほんとにギリシア・ローマ古典主義を徹底して追究した建築家なんです。世代的には辰野金吾《たつのきんご》のお弟子さん。

万城目　いわゆる〝第二世代〟。

門井　辰野は日銀本店を筆頭に、多くの銀行を手がけますが、その辰野の手伝いをしながら長野自身も多くの銀行建築を設計し、古典主義への造詣を深めていきます。そんな長野が、晩年、自らの集大成として設計したのがこの記念館だから、もう少し謹厳で端正な建物を想像していたんですが……。

万城目　ちょっと妙なところまで突き抜けてしまいましたよね。施主の大倉さんの思想とシンクロしてしまった部分があったのかもしれませんが。

門井　長野は辰野金吾にとって自慢の弟子で、長野を評して「自分の作品にはない伸びやかさを持っている」というふうに言ってます。

万城目　まったく正しい（笑）。

門井　伸びやかすぎです（笑）。

万城目　内部は非常にカッコいい。階段の石の手すりとか、天井のレリーフとか、じつに雰囲気があるんです。それだけに、外観のヘンさで少し損してるんとちがいますか。

門井　私は、鬱蒼《うっそう》とした森の奥にあるわりには、不思議な明るさがある建物だなあと思いました。

万城目　最後にひと言申し添えるとすれば、大倉山は日本のギリシャではありませんでした。少なくとも、僕の愛するギリシャではない。

門井 なんとなく来る前から予想はしてましたけど。

❷カトリック山手教会

［ヤン・ヨセフ・スワガー／1933年／神奈川県横浜市中区山手町44］

万城目 大倉山から一路、山手に向かいまして、カトリック山手教会。こちらは門井さんのお薦め建築です。

門井 前回の神戸で、ムスリムモスクに行きましたよね。あれを設計したのはスワガーさん［★1］というチェコ出身の建築家なんですが、そのスワガーさんが横浜ではなんとカトリックの建物をつくっている。その面白さにひかれて、見てみたいなあと思いました。

万城目 へえ、この教会もスワガーさんなんですか。

門井 先ほどもいいましたように、同じ建築家が別の様式で建物をつくるのは当たり前の話なんですけども、スワガーさんの場合、別の様式どころか別の宗教でつくっちゃった。どこか共通点はないかなと思って建物を眺めたんですけれど、ぱっと見で似てるところはありませんね。神戸のモスクはやっぱりイスラムモスクの文法に忠実でしたし、この山手教会はゴシック様式ですが、屋根が天高く伸びる感じといい、入口のところの尖頭《せんとう》アーチの形といい、近代に入って簡素化されたゴシックの文法をきちんと押さえてあります。

万城目 昭和八年の建築だから、教会のほうがモスクより二年早いんですね。

門井 スワガーさん、ムスリムとはあまり関係のない生い立ちだと思うんです。実際、彼のいちばん有名な作品は北海道のトラピスト修道院で、ほかにも聖路加国際病院とか、カトリック豊中教会とか、キリスト教関連の建築が多い。

万城目 そんな人がどうしてモスクをつくることになったんですかね。

★1…ただしスワガーは、チェコから直接日本に来たわけではない。はじめアメリカで設計の仕事をしていたところ、おなじチェコ出身の建築家A・レーモンドが帝国ホテルの仕事を手伝うため日本へ来ることになったので、いっしょに来日したのだという。当時のアメリカは、世界のなかで、民族の集配所の役割も果たしていた。（門井）

門井　関東大震災でしょう。あの震災で、従来ほとんど横浜が独占していた生糸の積み出し港が神戸に移ってしまう。それとともにインド人の貿易商なんかが多く神戸に移住したんだと思うんです。それで生糸貿易でけっこうおカネが溜まったんで、スワガーさんにモスクを発注できたということなんじゃないかなあと。

万城目　すると、スワガーさんはどこにでもええ顔する人やったんやないですか。「大丈夫、モスクもやれまっせ」みたいな。

門井　ハハハハ、そうかも［★2］。

万城目　でも、考えてみればイスタンブールの聖ソフィア大聖堂なんかも、オスマン帝国時代には無理やり塔をくっつけてモスクにしてるし、あんまりこだわりはないんですかねえ。日本でも南蛮寺とかありましたし。

門井　明治以前は、神社とお寺だって分かれてなかったわけですしね。

万城目　ところでこの山手教会、幼稚園が併設されてて、ちょうどいまお迎えの時間なんですね。

門井　教会の駐車場にお母さんの運転する高級車がどんどん入ってくるので、我々、出られない状態です（笑）。無理やり建築と結びつけるならば、ゴシック建築というのは森の木がすくすくと上に伸びるイメージなんですね。すくすく伸びるゴシック建築の前で、すくすく伸びる幼稚園児が送り迎えされている風景には、心温まるものを感じます。

万城目 こじつけじゃないですか！（笑）

門井 うまいって褒められると思ったんだけどなあ（笑）。

万城目 えー、ゴシックとかけまして。

門井 幼稚園ととく。

万城目 その心は？

門井 すくすく上に育つ。

万城目 おあとがよろしいようで（笑）。

❸横浜共立学園本校舎

［ウィリアム・メレル・ヴォーリズ／1931年／神奈川県横浜市中区山手町212］

門井 横浜共立学園、こちらは絶対にいい建築だろうなあと期待して来たら、やっぱりよかった。この企画の醍醐味ですが、こういう名建築に出会うと、一日を幸せな気持ちですごせますね。

万城目 本当にすばらしい校舎。

★2…ちなみにスワガーは日本語が片言《かたこと》で、「べっぴん」が口ぐせだったという。「この建物は、べっぴんですね」とか何とか。（門井）

門井　前々回の京都で、同志社女子大のジェームズ館を見学しました。あのすばらしさが頭に残っていたので、横浜ならこちらを訪ねてみたかった。共立学園は横浜の御三家といわれていて、優秀なお嬢さんたちが集まる学校だそうです。

万城目　もともと優秀な子らが入るというのはもちろんあるんでしょうけど、この校舎の中を歩いていると、建築が豊かな精神を育《はぐく》むということがあるんだろうと実感します。この校舎で六年過ごしたら、どんな横浜の不良でも品のいい人間に育っていくように思いますね。角を矯《た》めると申しますか、思春期のとんがるものを、やんわりとこの校舎が包んでくれるんじゃないでしょうか。あと、驚くのは、建物がとてもきれいですよね。

門井　同感ですね。

万城目　官公庁とかだと、不特定多数の人が利用して、お金もないもんだから荒れ放題になっちゃうことが多いんです。でも、学校だとみんな丁寧に使うし、掃除もちゃんとしてあるし。

門井　埃《ほこり》ひとつない廊下を見ても、大切に使われていることがわかります。
　ここを見たかったのは、横浜に現存する唯一のウィリアム・メレル・ヴォーリズ建築であるということもあるんです。ヴォーリズはすごく仕事をする人で、生涯で千五百件を超える建物を設計したといわれていますが、これまでの建築散歩では出会う機会がありませんでした。今日、ついにヴォーリズ建築と出会えて、感無量なんです。

万城目 ヴォーリズさん、よく仕事しましたねえ。

門井 かの辰野金吾でも二百件くらいといわれてますので、相当な数です。ヴォーリズについて、ここでちょっと語ってもいいですか。

万城目 はい、どうぞ。

門井 ヴォーリズはもともと英語の先生として滋賀県の近江八幡の商業学校に赴任してきたんですけれども、ＹＭＣＡ（キリスト教青年会）の活動を熱心にやって仏教界から睨まれ、先生を辞めざるを得なくなって、本格的にプロテスタントの伝道を始めたんです。そうして、おそらく伝道のための建物をお金をかけずにつくりたい

横浜共立学園本校舎。卒業生のなかには、北村みながいる。みなは詩人・北村透谷の奥さんで、若いころ透谷に自殺されてたいへん苦労したけれど、のちにアメリカに留学して、帰国して、品川の女学校の英語教師として生涯を終えた。透谷よりもよほど立派。（門井）

という動機から、自分で建築をやるようになった。自分でやれば設計料はタダですから。もともと彼はコロラド大学で建築学を専攻していて、若い頃は建築家志望だったんですね。また、伝道活動と並行して、のちの近江兄弟社を設立して実業家としても活躍、メンソレータムを日本に紹介したことでも知られています。

万城目 なるほど、基本軸は伝道の人なんですね。

門井 写真で見ると大人しそうな眼鏡の紳士に見えるんですけども、かなりの負けず嫌いだったようです。高校時代、エンドウマメの発芽の実験中に、ヴォーリズ少年が先生に「芽が出るんなら花も咲くんじゃないですか」と言った。先生は呆れて「脱脂綿の上で花なんて咲くわけないだろ」と答えたら、彼は自宅に芽を持ち帰り、一生懸命世話をして花を咲かせた。それでまた先生のところへ持って行ったら、先生は「花は咲いても豆はみのるまい」。それでまた持って帰って、育てて豆を生《な》らせ、とうとう翌年、その豆を発芽させるのにも成功したそうです。さすがに先生もまいったでしょうね。

彼が赴任した近江八幡の田舎では、外国人を嫌う人たち、キリスト教を排斥しようとする勢力は強かったはずですが、持ち前の負けず嫌いで、相当やり合ったんじゃないかと思いますね。

万城目 面白いですねえ。

門井 もう一つ、ヴォーリズ建築って、非常にコスト感覚が優れていたと思います。彼

本校舎内にあるピアソン記念礼拝堂。

が教会をつくったら、たちまち全国からうちも、うちもと引き合いが来た。それは同じ建物を他の人よりも安くつくれるということが理由の一つだったそうで、その経済性の秘密が、じつはこの共立学園の本校舎にもあると思うんですよ。

万城目 ほう、何でしょう。

門井 ガイドブックを見ると、この校舎、ハーフティンバー建築と書いてありますよね。

万城目 どういうことですか、ハーフティンバーっていうのは。

門井 ティンバーは木材ですけれど、まず木材を柱と梁《はり》にして縦横《たてよこ》に組みますよね。その柱を表面に出して、あいだに土なり、石なり、レンガなりを詰め込んで建物の構造体をつくるのがハーフティンバー工法なんです。木材は日本では安いけれど、詰め物にお金がかかる。これはもともと十五、六世紀のイギリスではやったもので、西洋渡りの本格的な木造建築だからコストがかかるんです。

ところがこの共立学園、たしかにハーフティンバーなんですが、校舎をよく見ると一つ一つの窓が大きくて、その窓の木枠を壁の柱に見せてるところが多い。わざと四角い窓を大きくとって、窓枠を太くして構造体に見せているわけです。

万城目 ほんとはガラス窓なのに、それを壁に見せるということですか。

門井 そうです。窓の内側で白いカーテンをさーっと閉めちゃうと、それが詰め物に見えて、白壁が続いている感じになるでしょう。遠くから見れば、いかにもクラシックなシェイクスピア時代のハーフティンバーに見えるけれど、じつは窓のカーテンを閉めてるだけだと。このあたりに低コストの秘密があるのかなあと推測しました。

万城目 このスタイル、質素で簡素だけれど、温かい感じがしますね。

門井 そう。安くつくれても、安っぽくは見えないのがポイントですね[★3]。

万城目 豪華なフレンチではなくて、ご飯を食べるのに似合う感じ。

門井 いわば、ふだん着の建築です。

万城目 近江八幡に行きますと、老舗の和菓子屋さん「たねや」が、「クラブハリエ」という美味《おい》しいバウムクーヘンのお店をやってるんです。

門井 あ、あの有名な。

万城目 で、八幡山のロープウェーの麓に行くと、ヴォーリズの洋館でお茶ができるお店があるんですよ。そういう牧歌的な雰囲気がヴォーリズ建築には似合うんですよね。

❹山手２３４番館

〔朝香吉蔵／１９２７年／神奈川県横浜市中区山手町２３４―１〕

門井　山手には多くの異人館が並んでいます。その中の一つ、山手２３４番館は、外国人向けの元共同住宅、アパートメントというのがユニークですね。

万城目　神戸の異人館街は、貴族気分の連中が豪邸を建ててふんぞり返ってる雰囲気があるのに対して、横浜はもっと庶民ぽい感じ。洗練された庶民ぽさっていうんでしょうか、実際、自分も住んだら楽しいだろうなという親しみやすさがあります。特にこの２３４番館は元アパートだからこぢんまりとしていて、ただ豪華なだけの洋館よりも、現代的なセンスのよさがあると思うんですよ。

門井　山手は神戸の北野のように観光地然としてなくて、

★3…安いといっても、もちろん第二次大戦後の大衆化社会における廉価な建材の集積とはぜんぜん話がちがう。いまこの建物をつくろうと思ったら一体どのくらいお金がかかるか、気が遠くなるものがある。（門井）

山手 234 番館。

周囲の環境もいいですね。建物の中に展示物をごてごて詰め込んでないのも好印象です。

万城目 さらにここは声を大にして申し上げたいですが、北野の異人館との最大の違いは、入館料です。うろこの家は千円というお金をとるのに対し、こちらは無料、しかもトイレも自由に使えて、ゆったりとした開放的な感じがある。ふらっと入りやすく、リラックスできて、山手の好感度は高いですよ！

門井 入館料をとらずに建物をきちんと保存していることには敬意を表します。私、前回の神戸の対談では、憤《いきどお》る万城目さんに対して一生懸命うろこの家を弁護したんですが（笑）。

万城目 公に頼らないで、民間で保存や管理をしていくためにはお金が必要な面もあるというお話でしたね。

門井 そうです。神戸のやり方も理解できると申し上げました。しかし今日、横浜の異人館を見ると、神戸はちょっと商売に偏っているかなとは感じますね。

万城目 観光客から入館料をとらず、ギャラリーとして貸したり、喫茶店をやったりして収益をあげるのが横浜・山手のスタイルですね。それに比べると北野は……まあ、他人《ひと》さまの商売にやいのやいの言うのも品がありませんけれど。

門井 読者の皆さんが横浜の異人館巡りをするときに気をつけていただきたいことは、地番が近いからといって、現実の場所が近いとはかぎらないということです。この234番館のすぐ隣に、古い洋館を使った喫茶「えの木てい」がありますけれど、こちらの地番は89番。

万城目 どうしてなんですか、いきなり数字が変わるのは。

門井 山手の地番って、最初に都市計画をやったとき、競売で買い手が決まった順に番号をつけていったんですよ。

玄関の上にも小さく地番が。

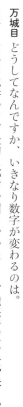

❺旧日本綿花横浜支店

［渡辺節／1928年／神奈川県横浜市中区日本大通34］

門井　旧日本綿花は、万城目さんが大好きな渡辺節《わたなべせつ》建築ですね。

万城目　そうなんです。じつは僕、渡辺節のお孫さんの奥様からお手紙をいただきまして……。

門井　え、どんなお手紙ですか。

万城目　『プリンセス・トヨトミ』の文庫あとがきに、『大大阪モダン建築』（高岡伸一、青幻舎）を引きつつ、渡辺節の代表作である大阪の綿業会館を「特大のダイヤモンド」だと紹介したんです。それを読んで下さったようで、夫の祖父が渡辺節だが、お金持ちに取り入るのが上手な人だったらしい、お妾《めかけ》さんをつくって正妻との激しい鍔《つば》迫り合いがあったという話も聞いた――といったなかなか刺激的なことが、とても上品な文章でしたためられていまして。

門井　貴重な証言ですね。

万城目　人たらし的なところがあったんでしょうね。これまで大阪、神戸と渡辺節建築を見てきて、ある種のわかりやすさがあり、ハイソサエティに加わりたい人の心をうまくくすぐるような建物をつくる人だなあと感じていたので、お金持ちに取り入るのがうま

旧日本綿花横浜支店。

かったという話を聞いて、腑に落ちるような気がしたんです。小難しい、求道型タイプではなく、非常に社交的で、愛嬌のある明るい建築家だったのではないだろうかと。

門井　綿業会館、前は工事中で外観しか見られませんでしたから、また行ってみたくなりますね。

万城目　たまたまこの建物も綿業関係で、旧日本綿花横浜支店。のちのニチメンですが、やっぱりどことなく綿業会館と雰囲気が似ています。この褐色のタイルの色合いなんか、ほどよい高級感がありますもんね。

門井　ただ、間近で見るとちょっと傷《いた》みが激しいのがもったいないです。

万城目　ほんとだ、玄関の飾りも剝がれ落ちてる。この建物、横浜市が買い取って、つい最近までギャラリーにしてたんですが、ひょっとしたら取り壊される可能性もあるかもしれません。何とかうまく保存してもらいたいですけれど。

門井　引っ掻き疵《きず》の入ったスクラッチタイルがまたお洒落《しゃれ》なんですが、いまは保護ネットで覆われていますね。ネットの内側には枯れ葉がいっぱい挟まってるし。

万城目　日本大通りの玄関口に建っていて、最高の立地なんですけどね……。

門井　この日本大通りにはおもしろい歴史がありまして、横浜が開港して間もないころ、

日本大通の突き当たりにあるブラントンの胸像。

大火事で町が焼けたんですね。そこで街のまんなかを——横浜公園から海岸までを——ドーンと幅三十六メートルの巨大道路でぶちぬいて、半分を日本人町、半分を外国人居留地ということにした。要するに火を出すのは木造の家の多い日本人町にきまってますから、外国人が延焼をいやがったわけです。だから名前こそ日本大通りだけど、ほんとの性格は外国大通り（笑）。それでも並木が植えられ、歩道が整備されて、もちろん日本人も歩くことができた。日本初の西洋式街路です。これを設計したのが、誰あろうあのブラントンさん。

万城目 あ！　あの灯台の。

門井 お雇い外国人第一号、神戸の旧和田岬灯台をつくったブラントンさんです。横浜公園の一等地、通りを望む場所には銅像も建ってるんですよ。

❻横浜市開港記念会館

［福田重義、山田七五郎／1917年／神奈川県横浜市中区本町1—6］

門井 開港記念会館、こちらも万城目さんのお薦めですね。

万城目 毎度恒例、その土地を代表する赤レンガ建築を制覇しようということで選びました。やっぱり赤レンガというのは無条件で中心的な存在感を持ちますね。遠目から見てもダントツで見栄えがいいし、横浜の町にもよく似合っています。

横浜市開港記念会館。塔のてっぺんに黒マントの怪人を登場させて「ワハハハハ」と高笑いさせたら、さぞ決まると思うんです。（万城目）

門井　赤レンガに花崗岩《かこうがん》の白筋を入れた典型的な「辰野式」建築。こういう赤レンガを見ると、お、今回も建築散歩にやってきたんだという気持ちになります。

万城目　公会堂として建てられたこと、費用が市民の寄付で賄われたという点でも、同じ赤レンガ建築の雄、大阪市の中央公会堂と共通しているのがおもしろい。生糸貿易に携わっていた人たちって、今では考えられないぐらい儲けてたということですよね、一般市民が巨額の寄付を行えるということは。

門井　大正六（一九一七）年の竣工ですから、大阪の中央公会堂が完成する前年。大戦景気の真っ最中ですね。第一次大戦が始まって、輸出がぐんぐん伸びた時期。

万城目 案内板にも、ここと大阪の中央公会堂とが、大正を代表する二大公会堂だと書いてあります。

門井 前回、神戸の対談で訪ねた御影《みかげ》公会堂もそうですが、立派な公会堂建築の背後には必ず何らかの巨額の資金を動かせる理由がある。横浜は生糸、大阪は相場、御影の場合は軍用酒の特需。

万城目 公会堂だけあって、ほんとに市民の用事に使われてまして、今日はシックハウス対策説明会（笑）。

門井 赤レンガ建築でやると非常に説得力がありますね（笑）。

万城目 三年前にロンドンへ行ったとき、ヒースロー空港を出てホテルに到着するまでのタクシーから眺めているだけで、街中に何十軒と、あ、これ日本やったらきっと文化財扱いやろうと思うような赤レンガ建築を見つけたんです。イギリスだと別に何でもない、そのへんの古い建物に過ぎないから、ちょっと寂しさを覚えましたね。逆に、日本人が「辰野

式」を有難がりすぎるのかなとも思うんですけれど、やっぱり数が少ないですものね。

門井 関東大震災の後は鉄筋コンクリートが主流になるので、日本では煉瓦建築は貴重なんですよ。この開港記念会館だって、完成してわずか六年後に震災で崩壊しちゃうわけですし。

万城目 もったいないですよね。外壁のみ残って、屋根、ドーム内部がみんな焼失したと資料にありましたが、そこからまた再建、復元を重ねてここまで来たんですから、大事にせなあきません。もっと横浜を舞台にした小説やら映画やらをつくって、この立派なドームをクライマックス場面に登場させればいいのにと思いますけれども。

門井 万城目さんが、ぜひお書きになれば。

万城目 (聞こえないふりで) じゃあ、ぼちぼち次に行きましょか。

元のタイル床を保護するため、一部の床は二重にして上げてある。

❼神奈川県立歴史博物館

[妻木頼黄、遠藤於菟/1904年/神奈川県横浜市中区南仲通5—60]

万城目 少し歩いて、県立歴史博物館が見えてきました。旧横浜正金《しょうきん》銀行本店。門井さんのお薦めです。

門井　正直に好悪を申しますと、好きなデザインではないんです。ゴツゴツしすぎてるし、押しつけがましいところもある。でも、横浜という町はある種の重厚長大指向というか、どんどん大きくなるぞ、日本のなかでのしていくぞっていうベクトルが幕末以来、ずっとあった場所だと思う。そういういわば強い横浜の象徴として、この建物が挙げられるんじゃないかなと思ったんです。

万城目　どんな銀行なんですか、正金銀行というのは［★4］。

門井　うんとはしょって言いますと、海外むけの日銀です。貿易金融、外国為替業務を一手に独占する巨大な金融機関で、戦前は世界三大為替銀行の一つといわれていました。

万城目　現在はもう残ってないんですよね。

門井　戦後に普通銀行に転換して、東京銀行になっています。

万城目　あ、だから東京銀行は昔から外貨に強いといわれていたんですね。

門井　設計したのは妻木頼黄《つまきよりなか》。辰野金吾の六期下の後輩で、のちに宿命のライバルとな

★4…横浜正金銀行がなかったら、日本は日露戦争に負けていた。この銀行が海外で外債発行を大規模にやったからこそ、戦費を調達できたからだ。
その意味で、この建物の完成が明治三十七（一九〇四）年というのは象徴的。まさしく日露戦争開戦の年だ。（門井）

る存在なので、ここで簡単に紹介しておきますと、妻木はもともと高級旗本の家の出なんです。幕府の世の中さえ続いてれば超エリートであったところ、九歳のときに幕府が瓦解して明治維新を迎え、冷や飯を食わされる。若くして父を亡くし、当時すでに頼黄が当主だったのですが、千石から五十石ぐらいの地位に落とされ、ほそぼそと明治政府から家禄をもらうという屈辱の境遇に甘んじるわけです。それでも頑張って勉強して工部大学校に入ったのに、ここでも冷や飯を食わされ、学校を中退してアメリカのコーネル大学に進むんですね。コーネル大学っていうと何となくすごい気がしますけれど、当時のエリートはみなヨーロッパに留学しますから。

万城目 アメリカに行く時点で、もう主流派ではないんですね。

門井 そうです。想像するに、おそらく出自が問題になったのではないか。工部大学校は明治政府の殖産興業政策を一手に引き受ける性格のところですから、どうしても薩長閥の主流派の鼻息が強い。元高級旗本の妻木は居づらかったのかもしれません。辰野は肥前唐津の出身だし、辰野と同期の片山東熊《かたやまとうくま》は奇兵隊にいた人間で、どちらも明治政府では勝ち組ですしね。

万城目 そういうバックグラウンドがあったんですねえ。

門井 そこで妻木はどうするか。官から離れて自由になるかと思いきや、そうではない。アメリカから帰ってきたら、ひたすら官の道を進んでいくんです。最初は東京府に入っ

神奈川県立歴史博物館。むかしは横浜正金銀行だった。ほんとにすごい銀行だったんですよ。（門井）

て建築の仕事をし、それから内務省技師、大蔵省技師を歴任、最終的には大蔵省営繕課の課長、つまり官僚建築家の中のトップの地位につくんです。だから妻木がつくったのは東京商工会議所だったり、日本赤十字社だったり、民間の建物であっても官の性格の強いものが多いですね。横浜正金もまさにその典型。

万城目　この正金銀行を見て、僕はアンコールワットを思い出しました。この玄関の三角破風《はふ》の過剰な装飾とか、ごてごてした迫力がアンコール遺跡と似てるんですよ。

門井　ドイツルネッサンス様式ということなんですけど、今一つ洗練されてないところがドイツっぽいといえばド

旧生糸検査所正面玄関上部のレリーフ。モスラ？　詳しくは163ページにて。

イッっぽい。いかにも官僚建築らしく、すごく頑丈につくってあって、関東大震災では屋上のドームが焼け落ちただけで倒壊を免れた。逆に、それゆえの悲劇もあって、町中が火の海になったとき、あの建物は大丈夫だとみんなが逃げてくる。ところが内部はすでに人でいっぱいで入れず、この銀行の周りにはたくさんの焼死体が積み上がったという話が残っています。

❽旧生糸検査所

［遠藤於菟／1926年／神奈川県横浜市中区北仲通5—57］

万城目　神戸の旧生糸検査所が面白かったので、横浜でも検査所を見て比較してみようと思ったんですけれど……。

門井　ご覧になっていかがですか？

万城目　正直、あまりピンときません（笑）。神戸は海のすぐ近くに検査所があって、あ、ここで検査して船に乗せたんやという往時の雰囲気がすごくリアルに感じとれたんですけれど、この建物にはそういう生々しさがありませんね。

門井　それは建物が新しくなってるからじゃないですか。平成五（一九九三）年に復元工事をしたと書いてあります。

万城目 あ、なるほど。ここで注目すべきは正面玄関のレリーフですね。神戸の検査所と同じくクワの葉とカイコを象《かたど》ったレリーフがあるんですけれど、このモスラのような蛾はまあご愛嬌としても、マユがパカッと開いて、なかから菊のご紋が出てるデザインはすごい（笑）。今でも皇室が養蚕をされますけれど、これは神話の時代からなんですかね？

門井 『日本書紀』に雄略天皇の妃が養蚕を始めたという記述があるらしいです。絹といえば租庸調の調、国家の税になるほどの貴重品ですものね。

万城目 神戸のレリーフは門だけでしたけど、横浜は見える柱すべてにクワの葉とマユが象ってあります。沖縄の名護市役所の前を通ったとき、柱の上にみんなシーサーが乗っていて驚いたんですけれど、あれに負けないしつこさです（笑）。

旧生糸検査所。

門井　レリーフをよく見ると、マユに水引《みずひき》までついてますよ。
万城目　あ、水引！　それだけ生糸が宝物だったということですよねえ。

❾ドックヤードガーデン

［恒川柳作／1896年／
神奈川県横浜市西区みなとみらい2—2—1］

万城目　ここが門井さんお薦めのドッグヤードガーデンですか。……あれ、どこにも犬がいませんよ？

軍事上の重要施設なのに第二次大戦のとき爆撃されなかったのは、アメリカ軍がわざと爆弾を落とさなかったため。終戦後に利用できると判断されたのだ。
実際、終戦直後には、大陸へ向かう引き揚げ船はみんなここで修理・改造を受けてから出航している。その修理・改造は、一日に一隻という超ハイペースだった。(門井)

門井　……いえ、万城目さん、ドッグじゃなくてドッ、ク、です。船の修理をするドック。

万城目　えーっ！　今僕の頭の中にはペディグリーチャムのCM曲が流れ、横浜のマダムたちが小型犬をつれて優雅に散歩してる光景が浮かんでたんですが……。いや、実は門井さんのお薦めリストを見たときから、へえ、そんな昔から犬用の庭があったのか、横浜ってすごいなあ、でもなんでそれが近代建築なんやろって疑問に思ってたんですよ（笑）。

門井　当然そんなわけはなくて（笑）、ここは横浜船渠《せんきょ》という会社の旧二号ドック。ドックというのは、海水を入れて船を引き込み、排水してから船体のペンキを塗り直したり鋲《びょう》を打ち直したりする修理点検のための施設ですね。それを改装して保存し、一般の人が入れるようにした、いわば産業遺産です。

万城目　ランドマークタワーのすぐ横にあるので、多くの人が見たことはあると思います。でも、この妙な空間が何なのか、知っている人はほとんどいないんじゃないですか。

門井　たしかに、穴ぼこにレンガを埋めただけのように見えますからね。

万城目　まるで要塞のようですし。

門井　どうですか、ギリシャ・エーゲ海通の万城目さんとしては。

万城目　いや、そういうふうに振ってもらえてうれしいんですけど（笑）、エーゲ海にロードス島という島があります。その島の海辺が城壁のような石垣で囲まれていて、このドックヤードガーデンの雰囲気にすごく似てるんですよ。あと、この奥行きのある感じがアテネの陸上競技場にも似てますね。アテネのほうは馬蹄形のスタジアムで、細長いトラックを大理石の石段が囲ってるんです。

門井　ドックができた当時はいまのようなクレーンがありませんから、船の甲板から二本のロープを降ろして、ロープに板を渡して足場にするという危険な職場でした。じつはそれで足場から落っこちて死にかけた有名人がいまして、それが誰あろう、若き日の吉川英治。

万城目　えーっ！　そんなことやってたんですか、吉川英治さんは［★5］。

門井　そうなんです。お父さんが飲んだくれで貧乏の子だくさんだったので、小学生のころから奉公に出され、いくつもの職業を転々とした挙げ句、十七、八歳ぐらいのときにドックの会社に雇われた。ある日、板に乗って掃除をしてたら、上の人がもう仕事が終わったと勘違いして甲板からロープを離しちゃったそうです。後年、吉川英治が自伝で書いてるんですけども、四十フィート（約十二メートル）の高さから落っこちたと。

万城目　すごい高さじゃないですか！

門井　それで何日も意識がなくて、目覚めたときは病院のベッド。もう英治は死んだも

★5…吉川英治（1892―1962）『宮本武蔵』『三国志』『私本太平記』などの歴史小説で知られる。

のと思って、お父さんとお母さんが病院に来ている。その状態から意識を取り戻して生還したので、頭のいい英治にもうこんな労働をさせるのはやめよう、好きなことをさせてやろうということで、上京を許されたんだそうです。つまりここは吉川文学の原点である。原点にして聖地である。……事故が起きたのは、厳密にいうとお隣の旧一号ドックなんですけれど。

万城目 そこは目を瞑《つぶ》りましょう（笑）。

門井 ちなみに旧一号ドックは、いま日本丸が浮かんでいるところです。

⑩ホテルニューグランド本館

［渡辺仁／1927年／神奈川県横浜市中区山下町10］

門井 いよいよ最後、ホテルニューグランドに到着しました。

万城目 想像以上にお洒落ですね。本館に入るとすぐ目の前が階段で、あれっと思うんですが、階段を上った二階がすごい。豪華な空間が広がっていて、明らかに二階が本気モード（笑）。

門井 吊り灯籠が下がっていて、蠟燭《ろうそく》風のランプがあり、重厚な家具がある。建物の外観も三層構造になっていて、一階の大階段、二階のロビー、さらに三、四階の客室フロアと明確に分けられていて、上にいくにしたがって上品になり、瀟洒《しょうしゃ》の度を増していく。

きわめてよく考えられた設計です。

万城目 たまたま二階ロビーには僕らのほかに誰もいなくて、もったいないくらい贅沢《ぜいたく》な雰囲気です（笑）。マッカーサーが愛したというのも頷けますね。

門井 戦後、日本占領のために来日したマッカーサーがしばらくこのホテルに滞在したことは有名ですが、戦前、新婚旅行を含めて数回、このニューグランドを訪れているそうです。

万城目 そもそも外国人のお客さんが多いホテルなんですよね。

門井 船が横浜港に着いて、まず日本の第一夜を過ごすのがこのホテルという存在だったらしくて、戦前は九割が外国人客だったとか。

万城目 マッカーサーが滞在した本館三階の

ホテルニューグランド本館。マッカーサーは小学校１年生のとき、横浜共立学園の設計者ヴォーリズとおなじクラスだったとか。もっともヴォーリズのほうは病弱で登校しなかったため、出会うことはなかったという。（門井）

315号室はマッカーサーズスイートと呼ばれ、今でも一般のお客さんが泊まれるというのもすごいです。

門井　マッカーサーは、ボーイが会釈をするとちゃんと会釈を返すような礼儀正しいお客さんだったそうですけど、厚木に例のサングラスとコーンパイプで降り立って、すぐ側近に「ホテルニューグランドに行く」と言ったらしいですから、よっぽど戦前の新婚旅行で気に入ってたんでしょうね。

万城目　設計は渡辺仁《じん》とありますが、どんな人ですか。

門井　今日ほとんど無名の人ですが、じつは銀座の和光、日比谷の第一生命館などをつくった実力派。これが何を意味するかというと、マッカーサーはまずホテルニューグランドに滞在し、その後、本格的に戦後処理の指揮を執るため、GHQを第一生命館に置いた。つまり渡辺仁建築から渡辺仁建築へと移っている。

万城目　知っててやってるんですか？

門井　偶然だとは思いますが、いずれにせよ、先ほどの横浜正金銀行がますらおぶりだとすれば、ニューグランドはたおやめぶり。普通の建築家は、小さいものを大きく見せようとするものですが、渡辺仁はむしろ大きいものを小さくスマートに見せようとす

ホテルニューグランドの正面玄関。

る。本当のお洒落を知っている人だという感じがするし、もしかしたらこれから評価が高まっていく建築家かもしれません。

万城目 歴史との関わりが非常に深いホテルであるにもかかわらず、この控えめなアピール。大阪なら間違いなくマッカーサー煎餅《せんべい》を売ってますよ（笑）。

門井 ソース味のね（笑）。

探訪を終えて

万城目 同じ港町どうし、神戸と比べながら一日歩いてみたんですが、とにかく横浜は町が大きい。神戸って、あっちに山があったらこっちに海があり、その中間地点のどこかに自分がいるというふうに空間把握できるんですけど、横浜は広すぎて海がどこかもわからない。摑みきれない町だなあと思いました。

門井 正金銀行のような威圧感のある建築もあれば、共立学園やニューグランドのような品のよい建築もある。両方のベクトルが強く働いている町で、そこがまたとらえどころのなさに繫がっているのかなという気もします。

万城目 東京と同じくビジネスの町でもあって、ものすごい勢いで変化しているから、近代建築がつくられた当時の雰囲気を現在の僕らが感じるのはすごく難しくなってると思うんです。ほんの四十年前の「よこはま・たそがれ」とか「ブルー・ライト・ヨコハマ」のイメージでさえ、今の横浜から想像するのは難しいわけですから。

門井　かつて日本一の町だったことを忘れず、いまでも日本一であろうとすることを諦めていない町。それは神戸にはないものだし、むしろ大阪に近い感性なのかなあと思いました。だから、私の印象をひと言でいうと、神戸と大阪を足して二で割れない都市。

万城目　足しっぱなし（笑）。

門井　実際の人口規模を見ても、おそらくそれに近いんじゃないですか［★6］。

万城目　僕はこぢんまりした町が好きなので、暮らすならやっぱり神戸がいいですね。横浜共立学園の一室を貸してもらえたら、さぞ仕事が捗《はかど》るだろうなとは思いましたけど（笑）。

★6…それともうひとつ、横浜はけっこう文士の影がちらちらするなあと思いました。ドックヤードガーデンの吉川英治はもちろんだけど、ホテルニューグランドは大佛次郎が常連だったし、永井荷風はもともと横浜正金銀行の社員だった。（門井）

東京散歩

［2011年12月22日］

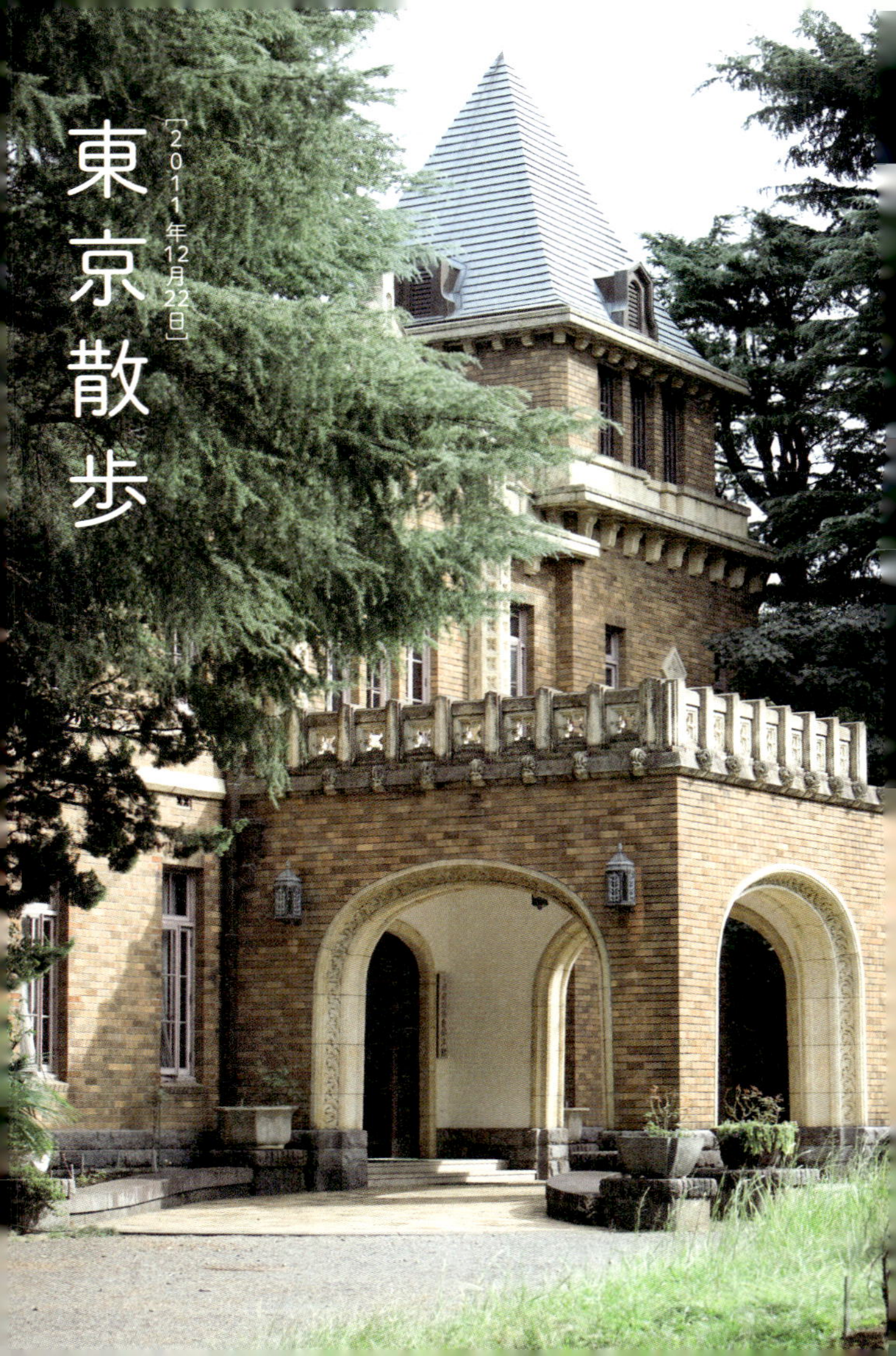

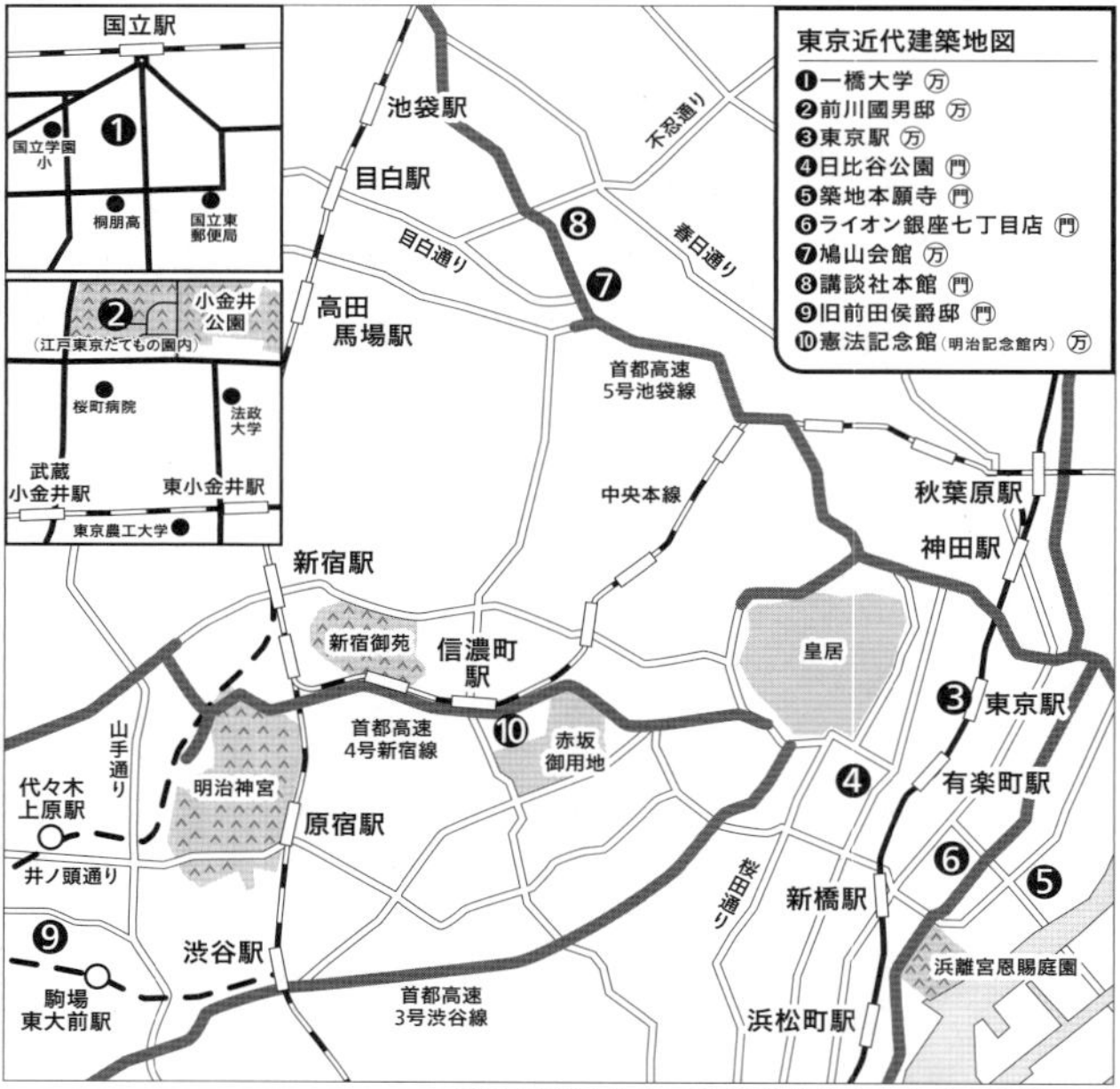
東京近代建築地図
❶一橋大学 (万)
❷前川國男邸 (万)
❸東京駅 (万)
❹日比谷公園 (門)
❺築地本願寺 (門)
❻ライオン銀座七丁目店 (門)
❼鳩山会館 (万)
❽講談社本館 (門)
❾旧前田侯爵邸 (門)
❿憲法記念館(明治記念館内) (万)
国立駅
国立学園小
桐朋高
国立東郵便局
小金井公園
(江戸東京たてもの園内)
桜町病院
法政大学
武蔵小金井駅
東小金井駅
東京農工大学
池袋駅
目白駅
目白通り
不忍通り
春日通り
高田馬場駅
首都高速5号池袋線
中央本線
秋葉原駅
神田駅
新宿駅
新宿御苑
信濃町駅
皇居
東京駅
首都高速4号新宿線
赤坂御用地
山手通り
代々木上原駅
明治神宮
原宿駅
有楽町駅
井ノ頭通り
桜田通り
新橋駅
浜離宮恩賜庭園
渋谷駅
駒場東大前駅
首都高速3号渋谷線
浜松町駅
(万)は万城目さん、(門)は門井さんのお薦め建築です

扉写真：旧前田侯爵邸

❶一橋大学

〔伊東忠太／1927年（兼松講堂）／東京都国立市中2―1〕

万城目　いよいよ日本近代建築のお膝元、東京にやってきましたね。

門井　JRに揺られてやってきたのは、国立駅から歩いてすぐの一橋大学。こちらは万城目さんの推薦ですが。

万城目　個人的なエピソードから申しますと、一橋大学を訪ねるのは今日が二度目なんです。会社を辞めて上京して小説家を目指してた無職時代があるんですけれども、書いた習作に感想が欲しくて、プリントアウトしたワープロ原稿を一枚一枚コピーして、束になったやつを友人に送るということを続けてた。その五、六人に送るためのコピー代がけっこう高くつくんですね。さらに郵便代もひとり五百円ぐらいかかるから、トータルするとえらい負担になっちゃう。それで思い出したのは、学生時代、大学の近所にあった五円コピー屋です。

門井　あ、コピー屋さん。京都にはたくさんありましたよね。

万城目　その頃は三鷹のへんに住んでいたので、そうだ、一橋大学の近所を探したら五円コピー屋があるんじゃないかと思いついた。ところがいざ行ってみたら全然なくて、よ

兼松講堂のレリーフ。
獣？　妖怪？

うやく見つけたのは完全に業者向けの店。チラシ千枚をいくらで刷りますというところで、とてもじゃないけど、僕の原稿を五部……と言い出せるような雰囲気ではなかったんです。で、原稿をそのままリュックに仕舞いまして、このまま、俺、帰るんか……みたいなね（笑）。電車賃を無駄にしたと思うと、ますます落ち込むんですよ。ただでさえお金がないのに。

門井　わかるなあ……。

万城目　ほんまの無職のときって、百円が千円に感じるんです。もうたまらない気持ちになって、ふと一橋大学のキャンパスに入ったら、ものすごく懐かしい感じがした。国立大ならではの贅沢《ぜいたく》な空間の使い方、古い校舎……。心が弱ってる僕を、やさしくつつんでくれてるような感じがして、もう、このまま願書出そうかと思ったくらい（笑）。あれからもう七年くらいになりますかね。

門井　どうですか、久しぶりにご覧になった印象は。

万城目　よく覚えてるのはこの兼松《かねまつ》講堂ですが、何ひとつ変わってませんね。

門井　母校の京大と似た空気みたいなものがありますか。

万城目　確実にあります。建物について言えば、京大よりよほどいい（笑）。一橋を出ている人が自分たちの校舎を素敵だと言うのを、僕は一度も聞いたことがないんですけども、もっと威張ってアピールしていいんじゃないでしょうか。もし建物の魅力に気づいてないとしたら、ちょっともったいないと思いますね。

門井　一橋はキリスト教系の大学ではありませんが、様式だけ見るとロマネスク、それこそ中世の正統カトリック建築の趣《おもむ》きがあるんですよね。

万城目　細かいところに目を向けますと、建築家・伊東忠太《いとうちゅうた》による、この不思議な獣のレリーフというんですか？　ものすごくおもしろいですよね。

門井　一橋といえばまず伊東忠太、そしてロマネスク建築。私はもうこの組み合わせだけでわくわくして、今日を楽しみにしてたんです。というのも、伊東忠太は日本近代の建築家の中でいちばんの妖怪好きで、

一橋大学　兼松講堂。古典妖怪たちの巣。(門井)

妖怪に関する著作もある、変わった人物なんですよ。

万城目 へえー、そうなんですか。

門井 さらにロマネスク建築というのが、グリフォンとかドラゴンなどという想像上の動物の装飾をくっつけることにかけては西洋美術史上もっとも熱心だった様式です。そのふたつがコラボしてるわけですからね。

万城目 実際、いかがでしたか。

門井 この兼松講堂が、いきなり期待に違わぬ面白さで先制パンチを喰らいました。遠くから見ても妖怪、近くから見ても妖怪。この小さくて嘴《くちばし》の長いフクロウ……というか、ペリカンとフクロウの異種交配で生まれたみたいな鳥獣なんて、まっとうな西洋美術では絶対にお目にかかれない存在じゃないかなあ。もうお腹いっぱいです（笑）。

万城目 よく政府が許したもんですよね。黒魔術のひとつもやりかねないようなこの雰囲気を。

門井 一橋のキャンパスが広大で、空間がゆったりとられているので、陰鬱《いんうつ》にならずに救われてるんだと思いますね。もしも建物の密度が高かったら、勉強なんかしていられない（笑）。

❷前川國男邸《まえかわくにおてい》

［前川國男／1942年／東京都小金井市桜町3―7―1
江戸東京たてもの園内（1996年に移築）］

門井　中央線を武蔵小金井まで移動しまして、江戸東京たてもの園にやってきました。園内にある前川國男邸。こちらも万城目さんの推薦ですね。

万城目　昭和十七（一九四二）年の建物なので、明らかに現代建築なんですけど（笑）。でも、僕、どうしてもここに門井さんをご案内したかったんですよ。

門井　え、どうしてですか？

万城目　これまで見た個人のお宅の中で、ここがいちばん格好いいと思うんです。今すぐに住んでみたいし、いっそのこと欲しい。所有欲がわく建築というんでしょうか。この企画で毎回言ってるんですが、ここで仕事をしたら、さぞ捗るだろうと（笑）。

門井　昭和十七年、資金も資材も十分ではなかっただろうに、びっくりするくらい完成された建物ですよね。

前川國男は、東京帝国大学を出てすぐパリに留学し、モダニズムの巨匠・コルビュジエのアトリエで修行しました。コルビュジエ的なモダニズムの建築家と言われているんですが、しみじみそれを感じるのは、玄関を入ってすぐ、わざと正面に壁をつくって玄関ホールを半周させるじゃないですか。客を半周させて視点を手前に引き寄せておいて、

前川國男邸。

一気に広いリビングを見せる。しかもリビングの向こうには庭が広がっている。この視点移動、空間の広がりの見せ方は、これぞモダニズムだと感服しました。もともとコルビュジエはあまり外装には興味がなくて、内部空間をどう設定するかということに血道をあげた人なんですけれども、そういうコルビュジエ的なモダニズムを和風の木造建築で味わうことができるとは、正直、驚きましたね。

万城目 一見、沈んだ色合いで、何も予備知識がないとただのボロい古民家のように見えるんです。でも、いちど中身のすごさを知ってしまうと、帰りに再び外側を見たとき、こいつはちょっと違うぞと思えてくる。外見はショボくれていても、中身はすごい……、まるで「デキる男」のような建物なんですよ（笑）。

門井 世界を見ても、三角屋根でこれだけ洗練されたモダニズム建築なんて、そうはないんじゃないでしょうか。

万城目 一階のほとんどがリビングスペースで、この家、独り暮らし用なんですよね。きょうび独身でひとり用の戸建てを買うやつなんていませんから、まさしく夢のような建物なんです。

❸東京駅

［辰野金吾／1914年／東京都千代田区丸の内1］

万城目 またまた中央線に乗って、東京駅にやって来ました。ちょうど今、五百億円の改修費をかけて、開業当時の赤レンガ駅舎を再現する大規模なプロジェクトが進行中です。最大の変更点は、これまで三角屋根だった南北の駅舎を、辰野《たつの》金吾《きんご》が設計した当時のドーム屋根に復元するところだと思うんですが。

門井 あ、もうドーム屋根の一部が、工事の養生の向こうからちらりと覗《のぞ》いてますね。東京駅といえば赤レンガに白い花崗岩《かこうがん》の帯が入る、いわゆる「辰野式」建築の代表的存在です。

万城目 辰野金吾の赤レンガ建築に惹かれて始まったこの建築散歩ですから、最終回となる東京で、この東京駅を挙げないわけにはいかないでしょう。加えて、さらに興味深いのは、ドーム屋根の裏側にはもともと鷲や干支などの鏝絵《こてえ》……漆喰のレリーフがさまざま飾られていたそうなんですが、その中に、何と豊臣秀吉の兜《かぶと》のレリーフもあったそうで。

門井 え？　秀吉の兜ですか。

万城目 そう。刃が放射状にばーっと出てる馬藺後立兜《ばりんうしろだてかぶと》という有名な兜があるでしょう？

『プリンセス・トヨトミ』を書くときに大阪の辰野建築をずいぶん取材したので、小説を書いた後で兜のレリーフの存在を新聞記事で知って、すごい偶然もあるもんやと驚きました。いったい辰野が何を考えて、わざわざ東の中央駅に秀吉の兜のレリーフをつくらせたのかは謎なんですが、それも復元されるそうなので、今からとても楽しみなんですよ。

門井 万城目さんのいいお話に水をさすようで恐縮なんですが、私、今日はこの東京駅について問題を提起しようと思ってやってまいりました（笑）。これだけ有名な建築だし、修復も着々と進んでいるので、ひとりぐらい疑問を呈すやつがいてもいいだろうと思ってあえて言うんですが、この建物、横に長すぎやしないでしょうか。

万城目 そうきますか……。

門井 左右それぞれにそびえるドーム屋根はいいとして、それをつなぐ部分、昔の言葉で言うと翼廊ですね。翼廊にあたる部分がどうも私には単調に見える。ひとつは横に長すぎるということ。そしてそれを埋める窓や装飾が単調で、同じものを同じ幅で貼ってあるだけではないかということがもうひとつ。

万城目 北のドームが出口で、南のドームが入口。中央玄関は天皇専用とそれぞれ役割が分かれてたんですよね。

門井 はい。さらにおもしろいことに、竣工当時の東京駅には八重洲側に出入口があり

東京駅。

ませんでした。八重洲のほうが繁華街だったにもかかわらず、出入口がないということは、つまり、東京駅は皇居のほうだけを向いている建築であった。

万城目 まあ、飛行機がなかった時代、文字どおり首都の玄関口としてつくられたわけですから、まずは偉い人向けのものだったんだと思いますよ［★1］。

門井 開業は大正三（一九一四）年。たしか大正天皇の即位礼を京都でおこなうために建てたものだったはずです。京都へは、お召し列車で行くわけですから。もちろん、まわりのビルは現在よりも低かったでしょうね。

万城目 そう考えると、高層ビルが建ち並ぶこの二十一世紀に、大正時代の三階建て駅舎が当時のまま復元されるというのは、すごいことなのかもしれない。

東京駅を中心とした周辺何ヘクタールかのエリアには、「空中権」という考え方があるそうなんですよ。

門井 へえ、空中権。

万城目 つまり、ある土地にどこまで高い建物を建てられるかは、敷地の広さに応じて上限が決まってるじゃないですか。ところが復元される東京駅は三階建てで、将来も高くなることはない。すると本来、上に建てていい容積がめちゃくちゃ余る。この余った分

対談時はまだ復元工事中だった。

を売ることができるんだそうで、ＪＲは復元費用の五百億円をそうやって捻出し、お隣の新丸ビルはそれを買ってあれだけの高さを獲得したんだとか。

門井　おもしろいですねえ。辰野金吾が執念をかけてつくった東京駅が、百年後のいまになっても丸の内エリアの街並みに影響を与えているわけですね。大したもんです。デザインに文句を言っちゃ、まずかったかもしれないなあ（笑）。

❹日比谷公園

［本多静六、本郷高徳／１９０３年／東京都千代田区日比谷公園］

万城目　日比谷公園にやって来ました。こちらは門井さんのお薦めですが、どうしてまた

★１…あれは東京ドームができた１９８８年のことでした。母親の実家がある東京に、夏休みに帰省していた私は、祖父から「球場に行くか」と誘われました。おお、ドームに行ける！　ひょっとして巨人戦か！　と色めき立った私は、嬉々として祖父について家を出ました。
電車に揺られ、東京駅で降りました。あれ、ドームってこんな東京駅の近くだっけ？　と訝しがりながら、祖父のあとについていくと皇居が見えてきました。

祖父は満面の笑みで、「ほら、きゅうじょうだ」と二重橋を指差して言いました。その瞬間、私は衝撃とともに悟りました。「きゅうじょう」は「球場」ではなく、「宮城」だったのだと。

東京駅と皇居が織りなす物語の端にひっそり添えたい、小さなエピソードです。（万城目）

東京駅のプロジェクトはまた、日本の建設業の地図をぬりかえる役割も果たした。

それまで関西を中心に活動していた大林組が、この仕事の一手受注をきっかけに、大挙して関東にのりこんできたからだ。なわばり意識の強烈なこの業界にあって、これは画期的なことだった。（門井）

日比谷公園。噴水を見ると叫びたくなる？（門井）

公園を？

門井　私はいつも近代建築という概念をなるべく広くとらえたいと考えてまして、これまでも堂島のミラーボールっぽい薬師堂とか、神戸の灯台とかを挙げてきました。

万城目　そうですね。京都で行った蒸気機関車の車庫なんかもそうでした。

門井　というわけで、公園も近代建築です（笑）。そもそも東京の公園というのは、江戸時代、お寺の境内だったところが多いんですね。上野公園は寛永寺、芝公園は増上寺、浅草公園は浅草寺……というように、昔から盛り場で、人の集まる場所だったお寺の境内が、明治期になって公園として整備されたわけです。

ところが、日比谷公園はもともと陸軍の練兵場で、それが青山に移って土地が空いたので、じゃあ公園をつくろうと、ゼロから設計された公園です。いわば純粋な意味での近代公園なんですね［★2］。

万城目　へえ、なるほど。

門井　なにぶんはじめてのことで、誰もノウハウがなく、困った東京市は辰野金吾に設計を依頼する。辰野はいったん引き受けたものの、なかなか進まずに苦労しているところへ、たまたま東大の林学の教授だった本多静六《ほんだせいろく》が遊びに来た。辰野はしめたとばかり、「林学だから公園もできるだろう。おまえやれ」と押しつけて（笑）、本多さんも「えっ、林学と公園、全然違うんだけどな」と、内心困ったでしょうけども、そこは豪快な人なのであっさり引き受けた［★3］。ドイツ・ミュンヘンへの留学中に見た向こうの公園の記

★2…日比谷公園のとなりが帝国ホテル。いまはもう建てかえられて、かつてのフランク・ロイド・ライトの名作とは似ても似つかぬ無機質なビルになっているが、ホテル内には往年のそれの模型が展示してある。
　このあたりにはほかにも渡辺仁の第一生命館があるし、東京駅へも歩いて行ける。銀座の和光も、後述のビヤホールも徒歩圏内。そもそも公園内には日比谷公会堂もあることだし、東京散歩のひとつの起点になるのではないか。（門井）

★3…そもそも本多静六が林学を選んだのは「学費が安かったから」だという。本多静六はミュンヘン留学のおしまいに、学位授与式の壇上で、ドイツ語で演説することになった。そこで弁当持参でイングリッシュ・ガーデンに行って、七日間、まいにち滝に向かって大きな声を出す練習をしたという。
　……それをふまえて、わたくし、右の写真では噴水に向かって叫んでおります。（門井）

憶をもとに、見よう見まねで設計してみたんだと思うんですね。

万城目 公園だったら僕でもつくれそうですけれど（笑）……でも、それはいろんな現代の公園を見てるからですよね。当時は前例がなかったわけだから。

門井 そうです。誰も公園を知らないから、いざ本多さんの設計図が議会にかかると、みな反対する。夜中まで開けていて花を盗まれたらどうするとか、池をつくって身投げが出たらどうするとか、議論百出、議案を通すのにすごく苦労したそうです。それくらい理解がない状態だったにもかかわらず、いざ開園してみたら、初日から列ができるくらいの大繁盛だったそうですけれど（笑）。

歩いてみての感想は、本多静六が設計した当初の地図が残っているんですが、やっぱり昔とは様子がずいぶん違っているなあと。がっかりしたとまでは申しませんが、ここまで変わっているとは意外でした。建物とは違って、公園は簡単につくり変えられていくのだな、ということを実感しましたね。

万城目 具体的には、どのへんが変わってるんですか。

門井 池の数からして違います。あったはずの池が消えていたり、ないはずのところに池が現れたり。植生なんかはもちろん変わってますし、園内の歩道も昔のほうが単純でした。戦時中は花壇から花が抜かれてジャガイモが植えられていたそうで、まあ、時代に応じて変化していくことはやむをえないのかな、と。

万城目 この本多さんは、ほかにもたくさんの公園をつくったらしいですね。

門井 明治神宮の森もそうですよ。本多さんは「百年たったら自然の森に見えるように考えて設計した」と語っていたそうですが、どうですか？ 私はじっくり見たことがないんですけれども。

万城目 え、神宮の森って人工的に植林したものなんですか！ 本多さん、やりますなあ。あれ、完全に森です。あまりにも森すぎますよ（笑）。

❺築地本願寺

［伊東忠太／1934年／東京都中央区築地3―15―1］

万城目 さて、こちらも門井さんのお薦め、築地本願寺ですね。

門井 以前、この前の道をタクシーでとおりかかったことがありまして、車窓から外を見て、あれはいったい何の新興宗教の道場だろうと驚いたおぼえがあるんです。あとで調べてみたら築地本願寺で、新興宗教どころか鎌倉仏教だった（笑）。そのときから僕の心のなかでは、とても気になる存在で……。

万城目 実際に足を踏みいれてみて、いかがですか。

門井 あらためて伊東忠太という建築家が好きになりました（笑）。

万城目 おもしろい偶然ですよね。僕が最初に挙げた一橋大学も、ここ築地本願寺も、奇

築地本願寺。仏教寺院なのです。（門井）
はじめてこの建物の前を通りかかった時思ったことは、「あ、hide（X JAPAN）のお葬式で空撮されていたお寺だ！」でした。（万城目）

しくも同じ伊東忠太の設計。

門井　伊東忠太についてここで話しておきますと、辰野金吾のお弟子さんで、妖怪好きでもありますが、本来はたいへん思索的な建築家です。東京帝大建築学科を卒業したときの論文のタイトルが「建築哲学」。とにかく原理原則から考えていく人なんですね。だから寺院をつくるときも、仏教のルーツにまで遡《さかのぼ》っていくんだと思います。

万城目　ああ、中国じゃなくて、さらに前のインドへ……。

門井　そう。日本の前の朝鮮、朝鮮の前の中国、中国の前のインド、インドの前のガンダーラへと遡った。なにせ、法隆寺の柱を研究するためにインドにまでおもむき、真ん中が太くなっていく柱の構造は古代ギリシャのエンタシスに由来すると主張して、学界を震撼させた人ですから、スケールが大きいといえばスケールが大きいし、頭でっかちといえば頭でっかちなところがある。

建築の仕事って江戸時代までは究極の実学、体力仕事で、頭でっかちな人にはできなかったはずなんですけれども、昭和になるとコンクリートという画期的な建材が実用化されます。コンクリートは要するに粘土みたいなもので、物理法則に逆らわない限り、どんな建物でも建てられる。頭だけで作ったイメージも楽に具現化できちゃうんです。だからこそ彼はこの築地本願寺を設計できたんですね。

階段壁面の猿や本堂入口の牛、鳥。築地本願寺内に他にも沢山見られる動物レリーフには、実在のものと空想上のものが混在している。

万城目 （境内に入って）あ！　一橋大学と同じような怪獣がいますよ。入口のライオンに羽が生えてる（笑）。

門井　これは明らかにグリフォンを意識した幻獣ですね。片方は口を閉じ、片方は開けてますから、狛犬《こまいぬ》として置かれているんだと思いますが。

万城目 すごい狛犬ですねえ。インド風なのか、ヨーロッパ風なのか……。これ、教えられなければ、誰も日本のお寺だとは思わないでしょうね。

門井　ルーツまで遡って、原理を抽出して、それを今度はあらためて現実に適用して建築をつくるというやり方ですから、発想自体は西洋近代そのものなんですよ。そういう意味では、築地本願寺は日本の建築ではなく、インド・イスラムの建築でもなくて、じつは西洋建築である、と。

万城目 なるほど、スピリットは西洋建築であるわけですね。一歩間違えると郊外で見かけるトンデモ建築のパチンコ屋みたいですけども（笑）。

門井　ちなみに伊東忠太が亡くなると、葬儀はここでおこなわれました。

❻ライオン銀座七丁目店 ［菅原栄蔵／1934年／東京都中央区銀座7―9―20］

万城目 築地本願寺から歩いて、有名なビヤホール「ライオン」にやって来ました。門井さんのお薦めですが、ぱっと見、普通のビルっぽいですけれど。

門井 外観はどうでもいい（笑）。昭和九年、銀座ビヤホールとして開業した当時の内装がいまでも残っていて、それがたいへん価値あるものなんですよ。

万城目 じゃあ、さっそく中に入りましょうか。

門井 （席につくなりビールを注文して）万城目さん、かんぱーい！　プハーッ。……ええと、なぜこちらを挙げたのか、その理由を申しますと、まず私、門井慶喜、ビールが大好き、ビヤホールが大好きであると（笑）。

万城目 よくわかりました（笑）。

門井 もうひとつは、菅原栄蔵《すがわらえいぞう》です。これまで我々、いろんな建築家と出会ってきたわけですが、そのほとんどが東京帝大卒。明治のほぼ全時代を通じて建築学科は東大にしか存在しなかったから、それは当然のことなんですが、ただ、中には変わった経歴の人もいるぞ、ということで、菅原栄蔵に注目してみたいと。

店内至るところに見事なモザイク画が保存されている。

万城目 （資料を見て）へえ、おもしろいですね、仙台工業学校卒。

門井 仙台工業学校建築学科。同じ建築学科といえど、東大の建築学科とはまるで違い、おそらくは現場の職人を養成する学校だったと思います。明治時代における職人というのは、語弊があるかもしれませんが、ヤクザに近い。明治時代のインテリ建築家は、「請負を見たら泥棒と思え」って言ったほどなんです。

万城目 請負というのは……。

門井 現場の作業員ですね。ですから菅原栄蔵の出た学校も、決して品のいいところではなかったはずです。卒業しても当然、設計の仕事ができるはずもなく、現場で苦労して、苦労して、苦労した挙げ句、ようやく工業学校の校長先生の紹介で、曾禰中條《そねちゅうじょう》建築事務所に入ることができたんです。

万城目 辰野金吾の同期だった、曾禰達蔵《たつぞう》の事務所ですね。

門井 はい。しかし設計者として入ったわけではなく、現場見習い……期間契約の現場責任者みたいな立場だったと思われます。そして現場の荒々しい連中と渡り合い、時に刃物沙汰になったりもしながら仕事をこなし、自分でもコンペに設計案を出した。とにかく専門書が買えないので、雑誌を買って図版を切り抜いてヨーロッパ美術を勉強したそうです。そのくらい向学心が旺盛だった。

万城目 へえ、偉いもんですねえ。

門井 その甲斐あって、曾禰先生から独立を許された。しかし、独立して最初の仕事は何かといったら、墓碑（笑）。亡くなったばかりの薬学博士の墓碑を建てる仕事だった。頼りない船出です。

ところが、ここで伊東忠太が登場するんです。伊東が「曾禰先生のところのあの若者、なかなかやるじゃないか」と菅原を評価して、大きな仕事を紹介する。それが何と、新橋演舞場だった。

万城目 新橋演舞場！

門井 いきなり来ちゃうんですよ。そして、当時流行していたフランク・ロイド・ライト設計の帝国ホテルの意匠をうまく取り入れ、見事な演舞場をつくってみせた。ついで大日本麦酒の本社社屋も成功させ、大日本麦酒が銀座にビヤホールを出店するので、その内装を頼むという仕事がきた。それで本人もたいへん気合を入れて設計したのが、この銀座ビヤホールなんです。

万城目（店内を歩きながら）このモザイク壁画、すばらしいですよ。

ライオン銀座七丁目店。

門井　ビヤホールらしく、麦の穂がモチーフなんですね。菅原栄蔵は、さすが地から這《は》い上がってきただけあって、建材に対しても徹底的にこだわったようです。このモザイク画も、タイル一枚一枚に至るまで、気に入った色が出るまで何回も焼き直しをさせた。柱の上に石の彫刻がありますよね。あれは麦の穂を象《かたど》ったデザインなんですけれど、わざわざ新島から火山性の石を運ばせて彫刻を施した。なぜ火山性の岩石かというと、細かいブツブツ穴がたくさん開いていて吸音性が高い。つまり、広い酒場ではみんなが騒ぐだろうから、少しでもうるさくないように上部に吸音性の高い石を使おうと。そこまで気をつかって設計しているんですよ［★4］。

❼鳩山会館

［岡田信一郎／1924年／東京都文京区音羽1―7―1］

門井　さて、音羽にそびえる鳩山会館、旧鳩山一郎邸にやって来ました。こちらは万城目さんのお薦めですね。

万城目　とても有名な建物で、まだ見たことがなかったので、この機会にと思ったんですけれど……。お孫さんのイメージが建物の価値を下げることがあるんやなと、今、実感しております。

門井　いきなり厳しい発言ですね。

万城目『鳩山家に学ぶ教育法』なる本が、入口にいきなり置いてあるんですよ。その教育法によって育った方々を、僕ら最近、目の当たりにする機会があったじゃないですか。

門井 教育法の具体的成果を。

万城目 今、この建物にとってはタイミングが悪い時期やと思うんです。政権が交代して、鳩山さんが総理大臣になったばかりの頃なら、オバちゃんたちが大挙して詰めかけて、「こういう広々とした、太陽の光がさんさんと注ぐような家で育ったから、立派な人になったんやわ」と思ったはずです。でも時は経ち、今の僕らは、「ああ、こういう開放的な家で、太陽の光を浴びすぎたから、ゴムが伸びきったような人になったんや」と、悪いほうに帰着してしまう。

門井 建物の感想はいかがですか。

万城目 うーん、うまく言えないんですけれど、案外ちょっとダサいというか……。あきませんね、こんなことばかり言うてたら。友愛の気持ち、友愛の気持ちだ。

門井 友愛の気持ちって……（笑）［★5］。

★4…完成後、師である曾禰達蔵が「建築には工期と予算があるものだが、君、こんなものどうしてやったんだい」と聞いたという。弟子には最高のほめ言葉。（門井）

★5…それにしても「鳩山」とは、いい名字にめぐまれたなあ。もしもこれが「鷹山」なんて名字だったら、戦争好きと思われて、選挙で落ちてたかも。（門井）

鳩山会館。

　でも、私もその感じ、少しわかるなあ。万城目さんの違和感を言語化するとしたら、公的な場であることと私的な場であることが、中途半端に入り交じっているという感じかな。私的な居住空間に、突然、公的な政治空間、政治家たちの密談の場所が現れるという違和感。

万城目　庭にひいお祖父さんとお祖父さんの像が建ってるのはまあご愛嬌としても、あちこちにハトのブロンズ像があるのはちょっとやりすぎじゃないですか。神戸で「うろこの家」に行ったとき、意味なく庭にイギリスの電話ボックスが置いてあったり、イノシシの像があったりしたちぐはぐ感と似ている気がするんです。だいたいお母さんから毎月千五百万円ももらっといて知りませんでしたなんて、こういう家で育ったから、どこまでも世間とズレた、ちぐはぐなことを言えてしまうんじゃないですか？　邦夫さんだって、また自民党に復党願いってどういうことですか。ついこの間、「俺は平成の坂本龍馬になる」って自民党を飛び出したばっかりじゃないですか。どこの龍馬が、お願いやからまた土佐藩に戻してくれなんて言うんですか！

門井　ほらほら、友愛の気持ち（笑）。私の印象としては、大物政治家の邸宅だけあって、やっぱりお客を呼ぶ家だなと。

万城目　そうそう。やたらあちこち椅子ばっかりありますよね。

門井　このサンルームに並んだ椅子の数が、鳩山会館の性格をいちばんよく表しているかもしれません。南向きで、光がよく入り、もっともくつろげるはずの空間に、常に大勢の他人がいる。

万城目　冷静に申し上げますと、建物には何の文句もございません。一郎さんも、大変な時代に日ソの国交回復をなしとげて、心底偉いお方やったと思っています。

門井　育った孫に文句がある（笑）。

万城目　ただ、それだけです。

上：外観　下：名字にちなんだのか、鳩の図柄のステンドグラスが階段踊り場に。

❽講談社本館

〔曾禰中條建築事務所（高松政雄）／1934年／東京都文京区音羽2―12―21〕

万城目 文春の企画で、まさか講談社に入れるとは思いませんでした。鳩山会館のすぐ近く、門井さんお薦めの講談社旧本館にやって来ました。

門井 文春の編集者もいっしょです。公然たる産業スパイ（笑）。ガイドブックには、講談社「旧本館」と書いてますけれど、講談社の方に聞いたら、いまでも「本館」と呼び、普通にオフィスとして使っているということなので、「旧」は要らないということを、ひとこと申し上げておきます。

講談社を挙げたのは、ずばり出版社だからです。今回、舞台が東京ということで、東京らしい建築って何だろうと考えたとき、出版というのはまさに東京一極集中の最たる業種であろうと。だとすれば、出版業界から近代建築をひとつ選ぶのは、ふだん出版界にお世話になっている我々の責務ではないか……とまでは思わなかったんですけれども（笑）。

万城目 ハハハハハ。

門井 実際に眺めてみて、外観にしろ内装にしろ、非常に質実剛健。素っ気なく、実用一点張りにできているという印象です。デザインとしておもしろいかと言えば、面白みはない。ただ、ここから評価は逆転するんですけれども、この建物ができたのは昭和九年、日本のあらゆる建築物からどんどん装飾が取れ、間取りがシンプルになり、単純かつ実用的になっている時代です。そうした建築の大衆化をまさに象徴する建物がこの講談社本館であると。

他方、大衆化ということを考えるとき、講談社は、まさしく雑誌という器において日本の大衆化社会を牽引してきた第一人者である。つまり、人馬一体じゃないけれど、社業の内容と建築の様式がピッタリ一致する。そういう意味でもいかにも講談社らしい建物だなと、私、たいへん満足しました。

万城目 大日本雄弁会でしたっけ。

門井 もともと大日本雄弁会。団子坂に借家を借りてその看板を掲げたのが、野間《のま》清治《せいじ》の出版活動の始まりです。

万城目 へえ、借家だったんですか。

門井 ところが、社業がどんどん発展し、借家を買い取ってまわりにどんどん建て増しを繰り返すので、社員でさえ中に入ったら迷うという状態になった。それで、郊外のもっと広いところに引っ越そうということで、音羽に本社ビルを建てることが決まったそうです。

野間清治が新社屋の設計を依頼したのは、銀座ビヤホールのところでも名前の出た曾禰中條建築事務所。東京一の名門事務所が図面を引いている間にも、社業がどんどん大きくなり、面積を広くする必要に迫られて、結局、完成に至るまでに図面を五回書き直させたとか。

万城目 景気のいい話ですねえ。音羽はその頃、田舎だったんですか。

門井 護国寺があるとはいえ、まだまだ田圃《たんぼ》や畑の広がる地域だったんじゃないかと思います。それは野間清治が、社員に華美に染まってほしくないと。繁華なところに行くと社員が悪い味を覚えるからと、そう語ったそうです。戦後、文春が銀座に社を構えたのとは対照的ですね（笑）。

万城目 ハハハハハ。

門井 「キング」「少年倶楽部」「婦人倶楽部」「講談倶楽部」などが売れに売れ、戦前の日本の雑誌の総発行部数の実に八割を講談社が占めていた時代もあったといいます。お金はいくらでもあったけれど、社屋を華美にはしなかった。内外装ともにきわめて質素につくってあるということを、今日、実際に眺めて感じました。玄関に列柱［★6］が並

★6…藤子不二雄Ⓐの名作『まんが道』を読むと、富山から上京した二人の主人公が、『少年倶楽部』の依頼を受け、はじめて講談社に向かうシーンが出てきます。円柱の構えいかめしい建物を見上げての第一声は「ヒエーッ」と「すごい！」で、もちろん今と同じ建物が描かれているのが、歴史の重みを感じさせてくれます。（万城目）

講談社本館。ここだけ見ると銀行っぽい。（門井）

んでいる、あれが唯一の意匠らしい意匠ですよ。

万城目 昔の県庁とか市役所だと言われたら、そうかなと思うくらい質素。外壁に新刊の宣伝の垂れ幕が出てるのが出版社らしいですが、あれが交通標語だったら、まんまお役所じゃないですか。

門井 社屋の完成後も、野間清治の考える家庭的な会社という考え方が徹底されていて、たとえば最初は、各部屋のドアに部課名の札がなかった。野間清治いわく、自分の家に入ってどこの部屋に何があるかわからないやつがいるか、と。

万城目 書かずとも把握しろと。

門井 そう。まさしく明治の家長そのもので、彼が亡くなったときの葬儀は、本館の中にある講堂で営まれました。まさに自宅の仏壇でお経をあげてもらう感覚だったのではないでしょうか[★7]。

万城目 雑誌「ダ・ヴィンチ」が「好きな出版社」というアンケートを毎年取っていて、講談社は十年連続で一位なんです。今日、講談社にお邪魔して入館バッジをもらう間にも、明らかに女性誌のモデルと思われる可愛い女の子がフリフリのスカートで目の前を歩いてて（笑）、野間清治さんはどう思うかわかりませんけれど、華やかで楽しそうなイメージが講談社にはあるんやと思います。ちなみにこの本を出している文藝春秋は十位でした。もう少し頑張ろう、文春（笑）[★8]。

門井　講談社のことばかり話してしまったので、少し文藝春秋のことにも触れておきますと、戦前、文春は内幸町の大阪ビル1号館に入居していた時期があります。このビルは名建築としてたいへん評判が高かったんですが、ここを設計したのが、誰あろう渡辺《わたなべ》節《せつ》です。

万城目　何と！　大阪の綿業会館をつくった渡辺節ですか。

門井　万城目さんの愛する渡辺節。

万城目　文春もやるじゃないですか、って僕、何様なんですか！

❾旧前田侯爵邸

［塚本靖、高橋貞太郎／1929年／東京都目黒区駒場4―3―55　駒場公園内］

万城目　薄暮の駒場公園にやってまいりました。この中に聳え立つのが旧前田侯爵邸。門井さんのお薦め建築です。

門井　先ほどの講談社と同じく、東京らしい建物は何かと考えたとき、華族の邸宅を見

★7…野間清治と同世代の出版人には岩波書店の岩波茂雄がいるが、この人の葬儀は社屋ではなく、前述の築地本願寺でおこなわれた。（門井）

★8…講談社本館の落成式のさいには、菊池寛も記念品を贈呈している。菊池寛はいうまでもなく作家にして、文藝春秋社の創立者。（門井）

てみたいなと。というのも、明治になって華族令が出され、華族は「皇室の藩屏《はんぺい》」として東京在住を命じられて都内に家を建てるわけです。じゃあ華族の中でも第一等の家はどこか。やはり元加賀百万石の前田さんちだろうということで、どの程度のものかなと、軽い気持ちでやってきたんですが……。

万城目 どうですか、実物をご覧になって。

門井 ごめんなさい。完膚なきまでに圧倒されました（笑）。

万城目 それにしても、何という大きさですか、この建物は……。

門井 私邸という言葉を完全に裏切るスケール感です。

万城目 まさしく英国王侯貴族ばりのスケールじゃないですか。

門井 ドアは巨大で、天井も高い。廊下も広いし、部屋も広い。もう何もかもが大きいし、そもそも門をくぐってから屋敷までが遠くて、砂利敷きのロータリーが延々と続く。玄関に車寄せというものが必要な理由が、ようやく実感できたような気がします。こんな奥深い木立の中の家に、徒歩でやってくるお客さんはいませんものね。

万城目 夕暮れ時で薄暗いし、建物内部に灯りがついていないこともあって、廊下の先が見えない。余計に奥深く感じられて、怖ろしいほどですよ。回廊式になっていて、中心に中庭が広がっているのもすごい。こういう屋敷に日本人が暮らしていた時代があったんですね。

旧前田侯爵邸。建物は昭和４（1929）年の完成で、すでに電灯は普及しているから、上の写真の中庭は採光のためのものではないはず。（門井）

門井　百数十人の使用人がいたといいますから、破格の規模です。もちろん華族がみなこんな邸宅に住んでいたわけはありません。かの前田本家でなければ建てられない、「どうだ！」と力ずくで感動を強いるような建築だと思います。

同じ駒場公園の中に、日本近代文学館ってあるでしょう？　こちらは昭和四十一年の建物なんですけれど、いま見比べると、この近代文学館のほうが前田邸よりも古びて見える。なぜかと考えるに、その時代の流行の様式で建てると、古くなるのも早いということではないか、と。前田邸は十六世紀英国のチューダー様式をもとにしていて、流行なんてものはそもそも念頭にないわけですよね。

万城目　たしかにこの門から玄関までの道のりは「シャーロック・ホームズ」のロケで使えますね。馬車も似合うし、クラシックカーも似合う。「ゴッドファーザー」で、コルレオーネ家の門の後にこの前田家を映しても全く違和感なくつながりそう（笑）。邸内をアル・パチーノに歩かせたら、まさしくマフィアの世界そのものだと思います。

門井　先ほどの鳩山家との比較で言いますと、こちらの前田邸も、私はやっぱり「あ、お客様を呼ぶ家だな」と感じました。

調度のない館内は広さが際立つ。

ただし、鳩山邸は政治の密談をするための家。前田邸は開かれた社交、パーティーのための家、という印象です。実際、前田利為《としなり》はイギリスへの留学経験もありますし、宮内省や外務省から「外国から賓客が来るから、あなたの家でもてなしてくれ」と頼まれることがよくあったらしい。華族として、皇室外交の一端を担っていたわけですね［★9］。

万城目　家具、調度品が残っていないのだけが残念です。往時の華々しさを窺い知ることのできる何か、パーティーのときの写真などがもし残っていたら、ぜひ見てみたいと思うんですが。

⑩憲法記念館（明治記念館内）

［宮内省／1881年／東京都港区元赤坂2―2―23］

門井 いよいよ最後、明治記念館の中にある憲法記念館にやってきました。

万城目 友人の披露宴に招かれて、中を見たのが最初なんですけれど、天井も高いし、壁には何ともいえぬ軽やかなタッチで金鶏《きんけい》が描かれていて、おめでたい席にはぴったりの内装。ガラス戸で芝生の広場に面していて、披露宴を終えたら外に出てお喋りしたり、記念写真を撮ったりできるのもすばらしいんです。

今の時代、一般人が近代建築と親しむやり方として、結婚式の披露宴で利用するというのは、いちばん正しい方法のような気がするんですよ。一生の記念になるし、建物を保存するお金も集まるし。

門井 近代建築と結婚式というのは、とてもおもしろい視点ですね。入口に説明書きがありますが、こちらの建物は、もともと明治天皇の仮御所の御会食所として建てられたわけですよね。

万城目 はい。その後、立派な皇居ができて役目を終えたので、明治天皇が伊藤博文にこ

★9…前田利為の葬儀も、築地本願寺でおこなわれた。（門井）

憲法記念館。

の建物をプレゼントした。明治天皇が亡くなって、明治神宮がつくられたときに、今度は伊藤博文の息子が明治神宮にお返しするわけですね。それで戦後、結婚式場として使われるようになりました。

門井 もともと結婚式を司るという教義は、神社のドグマにはありませんで、わりと最近、明治後半くらいに生まれたものなんです。というのは、明治になってキリスト教が入ってきて、知識人の一部で教会で式を挙げるのが流行するんですね。これではいけないと危機感を抱いた神道、仏教の陣営が、あわてて結婚式に参入したわけです。その後、シェア争いからまず仏教が脱落するんですが、神社での結婚式は残って、戦後に至るという歴史があります。

万城目 僕からもちょっとしたミニ情報を提供

しますと、明治神宮で結婚式を挙げると、優先的にこの憲法記念館を披露宴のために押さえてもらえます。別に、教会で挙式して、披露宴だけこちらでやることもできるんですけれど。

門井 やけに詳しいですね。

万城目 なんで詳しいかと言うと、実は僕、明治神宮で結婚式をやりまして。

門井 何と!

万城目 さらに私事で恐縮ですが、挙式から親族の会食まで、ずっと介添えをやってくれた和服のおばちゃんがいたんです。たまたま式の一週間後に、本屋大賞の贈呈式が同じ明治記念館内でありまして、それに顔を出して、クロークでコートを預けていたら、同じおばちゃんが今度は洋装で仕事していて、いきなり「あ、万城目さん!」って声をかけてくれたんですよ(笑)。

門井 万城目さん、明治記念館とすごく縁があるじゃないですか。

万城目 そうなんです。自分がやったから言うんじゃないですけど、式場をどこにしようかなと迷っておられる方がいたら、

壁画やマントルピースが往時のままの姿を保つ金鶏の間。

ぜひ下見にきてください。明治神宮で結婚式をすると、菊の御紋がついた記念品がもらえますよ（笑）。

門井 宣伝してる（笑）。

探訪を終えて

万城目 横浜や神戸の建築からは、海に近いという地域性を感じましたが、東京では、自然環境など関係ない、個人の力を強く感じました。鳩山家にしても、前田家にしても、生まれもった社会的地位の反映といいますか……。

門井 そうですね。講談社本館も、野間清治の家みたいなものですし。

万城目 やっぱり東京は、ずば抜けて野心的ですよ（笑）。野心と、権威の匂いがします。お金持ちは大きな家に住む。実にわかりやすいと思います。

門井 私は、東京ならではの要素として、皇室というものの存在感を強く感じる建築散歩でした。たとえば前田邸は皇室の藩屏たる華族の家として建てられたし、東京駅も明らかに皇居を向いて、皇室の玄関口として建てられています。

と同時に、大衆というものを強烈に感じる一日でもありました。戦前の大衆文化をリードした講談社、誰でもビールが飲めるビヤホール、市民が自由に遊ぶことのできる日比谷公園……。

この両者が、最後の明治記念館でひとつになるんです。建てられたときは明治天皇の仮御所だったものが、いまでは我々大衆が自由に利用できる披露宴会場になったわけですから。

万城目 絶妙のまとめ、ありがとうございます（笑）。

［2012年1月23日］

大阪・綿業会館再び

――単行本あとがき対談

ついに綿業会館へ！

［綿業会館のデータは48ページを参照］

万城目 これまであちこちで「綿業会館、すばらしい」と言いながら、なかなか中を見学する機会に恵まれなかったんですが、ついにやって来ました。「特大のダイヤモンド」、綿業会館です。

門井 最初に大阪を歩いたときは、綿業会館の入口の前まで行ったんですけども、玄関まわりが工事中だったのと、時間も遅かったのとで、外から覗いただけで早々に撤収したんですよね。ですから今日、ついに綿業会館の中を見られると思うと、朝からわくわくしてまして（笑）。もともと作家になった理由のひとつに、スーツなんか着ないぞという気持ちがあったわけですが、今朝はいそいそと（ネクタイを締める仕草をして）綿業会館に行くんだったらこれだろうと。

万城目 驚くべきことに二人ともスーツでね（笑）。この企画では、お互い初スーツじゃないですか。

門井 じつはここに来るまで、万城目さんに「何スーツなんか着てるんですか！」って突っ込まれるかなあ、と心配してたんですよ。でも、綿業会館がこの迫力ですから、こ

扉写真：綿業会館談話室

れならステッキがあってもよかったし、三つ揃いでもよかった[★1]。

万城目 まさに、正装が似合う建物ですね。

門井 むろん外観もお洒落なんですが、一歩中に入ったら、見るものをいきなり圧倒する凄みがあります。まず豪華なホールで脅かしておいて、なるほどイタリア・ルネサンス風なんだなと納得させる。落ち着いたところで中に進むと、今度はフランス様式がくる。英国様式がくる。アメリカ様式がくる。あらゆる様式のカードを切ってくるのに、支離滅裂な感じがまったくしない。これはもう、渡辺節、円熟期の技だろうという気がします。若くてはできない[★2]。

万城目 節さん、このとき四十七歳ですか。

門井 ここで渡辺節について語っておきますと、もともとは二高の出身なんです。仙台のナンバースクールですね。それで東京帝大の建築学科に進む。なんで名前が節かというと十一月三日生まれで、天長節の節なんだそうです。でも、セツっていったら女の人

★1…戦前の「大大阪」時代の大阪は、東洋のマンチェスターといわれたほど紡績業がさかんだった。その大阪の紳士たちの代表的な社交場が「綿業」会館なのは、だから偶然ではない。（門井）

★2…綿業会館の設計には、渡辺節の弟子で、戦後に文化勲章を受章する村野藤吾もかかわっている。厳密には師弟合作かもしれないが、しかし村野藤吾は「あれはあくまでも先生の作品、私はヘッドドラフトマン（製図担当）だっただけ」と回想している。
　実際、綿業会館はいかにも渡辺節的な様式主義の作品だし、今回は渡辺節に話をしぼりました。（門井）

の名前でしょう。本人は自分の名が嫌だったらしくて、一高の寮生活で「せっちゃん、せっちゃん」と呼ばれるのに耐えかねて、勝手に別の名前を名乗ったとか。

万城目 へえー。

門井 で、あるとき実家からお姉さんがやってきて「渡辺節をお願いします」と言ったら、そんな人はいませんと押し問答になった。

万城目 何やってるんですか（笑）。

門井 また、東大の建築学科を一年留年してるんですけれど、原因が色街遊びのせいではないかと言われるくらい、生涯、女性の影がつきまとう人でもある（笑）。

万城目 横浜篇でも披露済みの話なのですが、渡辺節のご遺族の方からお手紙をいただきまして。節の女性関係には奥さんもずいぶん苦労したようだと、生々しい証言を頂戴しています。

門井 まさか渡辺節さんも、亡くなって何十年も経ったいま、赤裸々な過去を白日の下に晒《さら》されることになろうとは夢にも思っていなかったと思いますが。

万城目 それも偉人の証しですよ。

門井 若いときは相当とんがっていた人のようで、東大の卒業制作がなんと国会議事堂。彼が卒業した明治四十一年は、日本建築界の三大ボスのうちのふたり、辰野金吾と妻木頼黄が、国会議事堂の設計をめぐって「俺がやる」「いや俺がやる」と熾烈《しれつ》な戦いをしていたときです。わざわざそんなときに国会議事堂を卒業制作として出す根性もすごいし、これは私の推測ですが、そのことで辰野金吾の不興を買ったんじゃないかと思います。というのも、渡辺節は卒業後、韓国に飛ばされるんですよね。韓国の仕事を紹介したのは、妻木頼黄だったそうですが。

お前はどこの市会議員かと。（万城目）

万城目　ちょうど日韓併合の直前の時期ですね。

門井　四年間で帰国し、鉄道院に就職した渡辺節は、我々が京都で訪ねた梅小路の蒸気機関車館の設計に携わるんですね。さらに彼の仕事で大きいのは京都駅。大正三年、京都駅の二代目駅舎をつくったことが転機となって、彼は一躍、関西建築界におけるスターの座をかけ登っていくことになります。

万城目 昔の京都駅って、ちょっとイメージがわかないですね。

門井 まあ、さほどよくもなく、悪くもない建築だと思います。明治天皇が亡くなって、大正天皇の即位の礼を京都御所でやるというので、お迎えするのに間に合うように急ピッチでつくった駅舎なので。おもしろいのは、この京都駅がまたアンチ辰野なんですよ。貴賓入口を烏丸中央口に置かなかったんです。

万城目 ほおー。

門井 ご存知のとおり、同じ年に竣工した赤レンガの東京駅は辰野金吾の代表作。丸の内中央口は皇室専用で、皇居から天皇をお迎えするための入口でした。ところが渡辺節は、京都駅の烏丸中央口を一般の人の出入口にして、貴賓入口を端のほう、ちょっと大阪側にもってきた。これは鉄道院から大反発をくらったらしいですが、貴賓入口なんてめったに使うもんじゃないんだから一般の乗客を優先しろと、渡辺節が通しちゃった。

万城目 面白いですねえ。大正天皇、乗るときは東京駅の真ん中から入ったのに、降りてみると京都駅の端っこだったわけですか。

門井 ところが、若い頃はとんがってた渡辺節も、独立すると豹変する。顧客の意見に耳を傾け、財界人とマメにつき合い、会合には必ず出席、自然に関西財界の中へ溶け込んでいったそうです。綿業会館をつくるときも誰からの異論もなく、すんなり「それは渡辺君に」と決まったとか。……長くなりましたが、ここまでが綿業会館に至るまでの渡辺節の略歴でございます。

万城目 ありがとうございます（笑）。綿業会館におじゃまして驚いたのは、これだけ豪奢な建物が、意外と普通に利用されていることです。選ばれしエグゼクティブだけがちょこっと立ち寄って、普段は閑散としているのかなと想像してたんですけど、ロビーにも、レストランにも、何組もお客さんがいて、四十代のサラリーマンふうの人らが手帳ひろげて打ち合わせしてましたよね。

門井 囲碁サロン、将棋サロンがあり、年配の人は年配の人で楽しんでましたし。

万城目 タバコ吸いながら本を読んでる人もいたし、下のレストランには、おばさんたちのグループがランチに来てました。繊維関係のテナントとか、記者クラブも入っているそうで、本当に生きた使われ方をしている。

門井 屋上にはゴルフ練習場もあるんですよ[★3]。

万城目 こういう贅沢な空間に人が集って、本を読んだり、コーヒー飲んだりする習慣が昭和の初めの大阪にあったということに驚きます。なんとなく文化って右肩上がりで、

★3…屋上にゴルフ練習場があるのは、渡辺節がゴルフ好きだからかも。安井武雄のビリヤードといい、渡辺節のゴルフといい、戦前の関西の建築家はよく遊びを知っていた。（門井）

いつもいま現在が一番という感覚がありますけれど、じつはそうではない。こういう会員制のサロン文化みたいなものって、ある時期を境に廃れてしまったんじゃないでしょうか。この空間の落ち着きぶりは、いまいくらお金を出しても、もう二度とつくれないように思うんですが。

門井　中でも特筆すべきは、この二階から入る談話室ですよね。どこを見ても西洋建築ですが、ところどころ和室を思わせる趣向がある。柱とか、上の梁とか、中身はすべて鉄筋コンクリートなのに、上から木目調の大理石を貼り付けているわけです。そして、この美しいタイル・タペストリーの位置です。部屋の入口から見ると反対側の奥、つまり床の間にあたる場所に置かれてるんですよ。実際、タイルの手前に綿の花が活けてあったりして、そういう空間構成が、昭和六年当時の会員にもわかりやすく、なじみやすかったんじゃないかなあ。

万城目　渡辺節、恐るべしですね。

門井　さっき綿業会館の方もおっしゃってましたけれども、かなりの巨費をね。

万城目　百五十万円。現在で言うと七十五億円くらいって（笑）。

門井　大阪城の天守閣再建費用が四十七万円。お隣りの旧第四師団司令部庁舎や、そのまわりの大阪城公園の整備をひっくるめて百五十万の予算だったそうですから、綿業会館ひとつでそれとほぼ同額というのは……。

じつはゴルフやったことありません。（門井）
ちゃんと何十球いくらと自己申告でお金を払って練習する仕組みでした。（万城目）

万城目 もう、めちゃくちゃなことですよ（笑）。

門井　後年の回想記にありますけれど、渡辺節は、なるべくたくさんの会員、個性豊かな会員たちのさまざまな趣味嗜好に合うように、アメリカ風、イギリス風、フランス風といろいろ取り揃えてつくったのだと。本人が言ってるんですね。でも、私はこれ、嘘だと思う（笑）。それは後付けの理由であって、本当は、一世一代の大建築、お金をいくらでも使っていいっていうときに、自分が持っているカードを全部出してやろうという芸術家魂、技術者魂、そういう衝動につき動かされたのではないか。

万城目　紡績関係の人はイギリスに行く機会が多いので、まず建物の外観はイギリスのルネサンス様式で、と決めているのには、なるほどなあと思いました。

また、ちょうど竣工が満州事変の年なんですが、翌年、リットン調査団が大阪を訪ねた際に、綿業会館で財界人たちと会談している。そういう歴史的な場所でもあった、ということも付け加えておきたいです。

ふたりの愛する意外な建築

門井 さて、シリーズを総括するという意味で、編集部からのお題として「それぞれのマイベスト建築は？」という質問がきています。
万城目 五つの都市を二年でまわって、見た建物が五十二件ですか。うーん、難しいですねえ。
門井 では、私から。私は、神戸の御影公会堂ですね。外装の魅力についてはもう神戸篇で語り尽くしましたから、繰り返しません。じつは万城目さんと対談したあと、もう一回、家族を連れて再訪したんですよ。
万城目 御影まで？　わざわざ？
門井 はい、わざわざ（笑）。老朽化して、いつ取り壊されるかわからないから、子どもたちに見せておこうと思って。我々が行ったのと同じ食堂で、子どもたちにお子様ランチを注文しましたら、これがまためっぽう美味しい（笑）。まず、デミグラスソースのハンバーグ、タルタルソースのエビフライ、オムレツ……。

万城目 お子様向けでも肉が来るのが、洋食の王道ですね。

門井 ……スパゲティナポリタン、サラダ、チキンライスでおしまい。

万城目 まさにグリルのメニューです。

門井 たいていお子様ランチって品数が多いから冷凍にするじゃないですか。でも、あそこのお子様ランチはおそらく全部手づくりで、大人レベルの料理を並べてくる。ですから、欠点としては出てくるのに時間がかかって、子どもが飽きる（笑）。でも、そのマイナスを補って余りあるクオリティです。お子様ランチをつまみにビール三本は飲めるレベル（笑）。あまり強調するのも申し訳ないんですが、本当に明日どうなるかわからない建築です。八十年前の前衛芸術が、いまでもまったく前衛のまま、ふだん使いされている建物です。ぜひ、いちど足を運んでいただければ……というところで、万城目さんはいかがでしょうか？

万城目 僕は、大阪市の中央公会堂ですね。綿業会館も心の中の一位なんですが、誰もがいつでも来られる建物ではありません。いつでも誰でも中を見られるということに重きを置いて、中央公会堂を推します。

門井 そこは大事なポイントですよ。

万城目 二年かけて近代建築を眺めてきて、門井さんに教えてもらいながら、だんだん、だんだん、蜘蛛の巣のように放射状に知識が広がってきたような気がするんです。その、いわゆるパリの凱旋門の位置に当たる中心のスタート地点が、僕にとっては辰野金吾であり、大阪市中央公会堂だったんですよ。やっぱり、赤レンガに白い線というのは、見てわかりやすいですよね。大阪にはどうしても通天閣にお好み焼きというこてこてのイメージが付きまとうんですが、モダンでお洒落な大大阪のシンボルという意味でも、僕にとっての、MIB（Most Impressive Building）です[★4]。

さらにもうひとつ、僕のMIBを挙げるとしたら、じつは横浜で門井さんが教えてくれた、ドックヤードガーデンなんですよ。

門井 ええっ？　また意外なところを。

万城目 あんな大きいスケールの建築、普通はあり得ないでしょう。そもそも僕、最初はドッグガーデンやと思てましたし（笑）。

門井 犬を散歩させる公園だと。

万城目 トリマー受けたやつらが、キャンキャン言ってハードルをジャンプし、クンクン

★4…実は作家が請われて、この綿業会館を訪れる方法が一つだけあります。それは「織田作之助賞」を受賞することです。大阪を代表する作家だけあって、その名を冠した賞の授賞式は、この綿業会館で開かれます。（万城目）

言って戻ってくるみたいなイメージ。だから、想像を覆される感動があったわけです。門井さんに教えてもらわなかったら、いまでもクイーンズスクエアの横に何やら広い空間があるとしか認識してなかったと思います。

あんまり西のものばかり褒めても手前味噌なので、門井さんも、次点ということで、関東から何かひとつどうぞ。

門井　じゃあ、一橋大学を。あれだけ大きい建物がいくつもキャンパス内に建っているのに、空が広く見えて清潔感がある。その広大な空の下で伊東忠太の妖怪たちがひっそり妖しく蠢《うごめ》いているというビジュアル的な異様さに、とても驚きました。

万城目　自分が挙げた建築を人に褒めてもらうと、うれしいもんですね（笑）。

やっぱり渡辺節が好き？

門井　では、次は建築家にいきましょうか。いささかマニアックになりますけれど、「それぞれ好きな建築家は？」というお題です。

こちらも私から。最初の大阪で、安井武雄をかなり推したんですけども、今回、綿業会館を見て、やっぱり渡辺節って人は魅力的だなあと改めて感じました。思いきって、渡辺節にしようと思います。ハンサムで、背が高く、ダンディで、お金もあって、仕事もできる。女性にもてて、食通であり、長命でもありました。渡辺節ってそういう「持ってる」人なんですよ。待合から高校に通っていたという伝説もあれば、長じてからも後輩をつかまえて、「女のひとりやふたりいないと、いい建築家になれないぞ」と助言したという話もある［★5］。

万城目（写真を見ながら）なるほど、いかにも艶福家という感じがします。このほっぺたは危険ですよ（笑）。いろいろ語りかけてきそうなこの瞳もまたすごい。誰かに似てなくもないですね。……ちょっとだけ、森喜朗元首相？

門井　ああ、わかります、わかります！

万城目　目が寄ってない森喜朗。

門井　太ってない森喜朗。……渡辺節は大学を卒業して四年間、韓国にいたじゃないですか。そのあいだも、愛人が広島や福岡にいて、週末ごとに連絡船で帰国して、女性に会って、また韓国に戻っていくというんです。

万城目　それ、船乗りの武勇譚じゃないですか！

門井　建築家っぽくないですよねえ。享年八十二、ガンで

いかにもダンディな渡辺節。（写真提供・株式会社渡辺建築事務所東京事務所）

★5…ついでに言うと、七十三歳のとき義歯が一本もなかった。（門井）

亡くなるんですけれども、死の直前まで毎朝フランスのローションをかけていたといいます。そういう絵に描いたようなダンディの人生を八十数年にわたって生き切ったということに対して、私、建築家としてというよりは人間として、うらやみとやっかみを込めて、尊敬したい気がしてるんです。

万城目 僕は最初、辰野金吾以外はぜんぜん知らずに、この建築散歩を始めました。でも、予備知識や先入観なしに眺めても、渡辺節の建築は素敵なんですよ。わかりやすくて、面白い。小説でも僕、そういうのが理想やなあと思うんですけれども、実際に書くのは難しいんですよね。誰もがわかって、なおかつ面白い。この難題を、渡辺節はやり遂げている。綿業会館のような瀟洒《しょうしゃ》な建築から、梅小路の機関車車庫のような産業遺産に至るまで、面白くて、わかりやすい。さらに言えば、明るい感じがするのがいいと思いますね。

門井 神戸の商船三井ビルも、明るいですものね。

万城目 ただ、渡辺節を門井さんに取られてしまったんで（笑）、僕はやはり辰野金吾先生を挙げておきます。いろいろ話を聞いても、写真を見ても、この人とは絶対にお友達にはなれないと思いますが、ただ、建築めぐりの道しるべとして、都市ごとに、大阪では中央公会堂、京都では旧日本銀行、神戸ではみなと元町駅、そして東京駅と、常に赤レンガの辰野先生がドンと構えてくれている。不動の四番のような存在で、辰野建築を中心におけば、それでオーダーを組むことができる。

門井 横浜も、開港記念会館がいわゆる辰野式でした。

万城目 建築でも何でも、「〇〇式」と呼ばれるスタイルが確立してるなんて、そうはないことですよね。

門井 いくら漱石がすごいからって、小説の書き方で、「夏目式」なんてありませんしね。

万城目 ワンアンドオンリー、特別な人ですよ。

上の写真はハリウッド映画の様々なシーンを想起させる綿業会館の外階段。

門井 スペイン風邪に罹って、国会議事堂のコンペ中に亡くなるんですけど、最期、ふとんの上で奥さんに抱きかかえられながら、帝大の同期である建築家の曾禰達蔵に「国会議事堂をよろしく頼む」と言って亡くなったそうです。

万城目 武田信玄みたいでかっこいいですね。「わし

お友達になれなそう？な辰野金吾。ちなみに、他の建築家の顔は……

宮廷建築の第一人者・片山東熊。

妖怪大好き建築家・伊東忠太。

＊上の３点、写真提供・日本建築学会図書館

が死んだのち、京に我が幟《のぼり》を立てよ！」みたいな（笑）。

門井　うまいこと言いますねえ。

万城目　いわゆる歌があり、歌手があり、その向こうに作詞家の阿久悠がいるわけですけれど、普通のちびっ子は、阿久悠なんて知らないわけですよ（笑）。それと同じで、建築家で近代建築を楽しむというのは、けっこうハードルが高いことだと思います。でもあるとき、この曲もあの曲も阿久悠がつくっていたことに気づく日がくる。近代建築の向こうに、やたら同じ名前が登場することに気づくように。

門井　私たちの建築散歩も、終わってみれば、辰野金吾と渡辺節が二本柱。これはいいや。結果として、うまいことになりました。ひとりは東京を中心に活躍して、もうひとりは関西を中心に活躍した。ひとりは明治時代に君臨して、もうひとりは大正・昭和でがんばった。空間的にも、時間的にも、近代日本を網羅してます。

万城目 読者の方も、建築に親しむうちに、ひとりふたり好きな建築家を見つけることができれば、いろんなエピソードがつながって楽しくなってくると思います。

門井 ことに日本の近代建築家の場合には、きわめて人脈の網の目が密なんです。理由ははっきりしていて、明治のほぼ全期間を通じて、建築家を出す大学は東京帝大ひとつしかなかった。だからみんな師匠弟子、先輩後輩の関係で、人脈が濃厚になるんです。ようやく早稲田に建築学科ができたのが明治四十三年、京大に至っては、武田五一が初代教授として赴任するのが大正九年ですからね。

万城目 まさに一極集中。

門井 とくに民間の辰野金吾、官僚建築の妻木頼黄、宮廷建築の片山東熊は、日本人建築家の第一世代で、個性の強い面々なので、押さえておくとおもしろいと思います。

建築散歩を堪能できる五冊

門井 すでにいくつか出ましたけれど、建築散歩をやってみたいという方にご紹介できる、楽しく続けていく秘訣のようなものってあるでしょうか。

万城目 僕らのように、各々が行きたいところを挙げてそこを一緒に回るというやりかたは、まさしく一石二鳥で新たな発見があるし、他人のまったく違う見方を知ることもできて、とてもいいんじゃないでしょうか。あと、最低限の予習はやっぱりしていったほうがいいし、その場で見てビビッときた建築については、後からでも本を読むなりして調べると、知識が広がって楽しいと思います。

……とはいうものの、僕はいつも、ほとんど何の用意もせずに本番に臨んでおりました。それは、こちらの門井先生が、僕や編集者のために、下調べした年表をプリントにまとめて綴じて、なぜか全員分きちんと用意してくれてたからです（笑）。

門井　いやいや、ほんとうに、簡単なもので（笑）。

万城目　でも、こういう奇特な方は、普通はいらっしゃらないですから、自分で調べられるだけの座右の資料を何かひとつ、持っておかれたらいいんじゃないかと。

門井　では、それに関連して、「役に立ったガイドブックを紹介してください」というお題にいきましょう。私からまずひとつ、小学館から出ている『近代建築散歩』シリーズ（宮本和義・アトリエM5著）です。

万城目　白い表紙で、東京・横浜編と、京都・大阪・神戸編にわかれているガイド本ですね。

門井　かなりの建築が網羅されていますし、文章もポイントを押さえていて多すぎず、わかりやすくまとまっています［★6］。

万城目　では、僕からは、講談社の二巻本『日本近代建築大全〈東日本篇〉〈西日本篇〉』

★6…横浜の街なみの歴史に関しては『ある都市のれきし――横浜・330年』(北沢猛作、内山正画、福音館書店)がすばらしい。一九八五年刊の古本だし、子どもむけの絵本だし、たった三十九ページしかないけれど、私はこれ以上よくわかる本を知らない。大人の愛読をお勧めします。(門井)

きれいな本です。雨の日に、家の中で楽しめる（米山勇監修）を。かなり大部のものですが、カラー写真豊富で、

門井　これはいい本です。写真もたくさん入っているし、近代建築めぐりの本ですね。

万城目　あと、大阪に行くには必携なのが、『大大阪モダン建築』（高岡伸一、青幻舎）。

門井　名著です。京都の版元さんが出している本ですね。

万城目　もう版が切れていると思うんですが、藤森照信さんの『建築探偵』シリーズも外せません。朝日文庫から四冊出てます。横の広がりだけじゃなく奥行きも備えた本で、建物のストーリー、建築家のストーリーまで突っ込んで紹介してくれる名著。これを読めば、近代建築への興味が一気に広がりますね。

門井　すばらしい本です。これはぜひ、復刊していただきたい。

万城目　文春が新装版を出してもいいんじゃないでしょうか（笑）。

門井　やや専門的になりますが、村松貞次郎さんの『日本建築家山脈』（鹿島出版会）は、建築史の概説書でありながら、すべてのページに血が通っている。自分で見聞きしたもの以外は書いていないと思えるほどの生々しさがあって、密度が濃い。

万城目　これ、建築家の人間関係がメインなんですよね。

門井　そうです。人間関係、もっと言えば師弟関係ですね。おもしろいエピソードがたくさん紹介されていて、たとえば妻木頼黄に、弟子が「お手伝いに上ります」と言った

ところ、烈火のごとく怒って、「お手伝いとは口幅ったい。俺が教えてやるのだ。勉強にくるといえ」と叱られたとか、すでに退官した辰野金吾が研究室に顔を出すとき、現役の助教授だった武田五一があわてて学生のまずい図面を直したという話なんかも紹介されています。

万城目　偽装工作じゃないですか（笑）。

門井　ちょっと難しい用語もありますが、楽しいエピソードが多くて、無味乾燥な本ではまったくありません。もっとも、ただひとつ難点があるとするなら、巻末に索引がないんだなあ。あとで建築家なり建築物なりを調べなおそうとすると、えらく苦労する（笑）。我々の本にはぜひつけましょう。

近代建築よ、永遠なれ！

万城目　僕は最初、大阪市の中央公会堂しか知らないくらいのレベルからスタートして、大阪城の再建天守が近代建築であるという知識さえなく、本当に徐々に徐々に、点と点とを線で結ぶように知識を広げていった感じなんですね。でも、勉強した、何かに詳しくなったという気持ちは自分ではまったくなくて、一年かけてじっくり楽しませてもらったなあ、と。

門井　同感です。とにかく楽しかった。

万城目　よくわからずにスタートしたわりに、一回目からある程度の「型」が、自然とできていたのは不思議です。お互いにお薦め建築を五つ挙げるというスタイルは、最後までまったく変更しませんでしたよね。

門井　最初の大阪では番外編を入れて十二件選びましたが、陽の出ているあいだに回りきれなかったので、二回目の京都から十件に減らしたくらいですかね。

万城目　そのぐらいですね、修正点は。

門井　それでも毎回必ず、番外みたいな位置づけのものが入ってくるのがおもしろいところでした。銭湯とか、灯台とか、公園とかを番外扱いせず、近代建築という枠のなかに取り込むことができたのは、よかったと思いますね。万城目さんから毎回、建築に関連して、ご自身の体験に根ざしたエピソードが聞けるのも、この企画の楽しみでした。

万城目　門井さんのノーブルな薀蓄とね。

門井　いやいやいや（笑）。

万城目　これはぜひ読者の方に知ってほしいんですが、門井さんが建物や建築家について滔々《とうとう》と語るあのセリフは、決して後から推敲したり加筆したりしているものではなく、真実、リアルタイムの言説である（笑）。あれだけ凝縮した濃度で人の口から文章が発せられることがあるということを、ぜひ知ってもらいたいんです。ホームズが立て板に水のごとく喋るのを聞いて、ワトソンがただ圧倒され、「ああ、そうだなホームズ」としか応えられない気持ち、僕はすごくわかる。

門井　褒められたとみていいんでしょうか？（笑）

万城目　もちろんですよ（笑）。

門井　最後にひと言。私は四十歳になって、いま三歳の息子がいるんですけれど、ふと私が三歳だとして、四十歳の大人って何年に生まれたんだろうと思ったら、まさにこの綿業会館の竣工と同じくらいの生まれなんですね。そういうふうに計算してみると、意外に距離が近い。近代建築も、建築家も、けっして歴史の遺物じゃない。我々と連続した時間の中に存在するものなんですよね。

万城目　いいお話です。また、次の機会があるといいですね。

門井　これまで本当に、お疲れ様でした。

万城目　どうもありがとうございました。

カメラマンが教える
近代建築の撮影ポイント

◉近代建築って、真ん中にドーンと柱とか銅像、そこから左右に装飾や階段が広がるというシンメトリーの美しいものが多い。だから写真で見栄えがします。（深野未季）

◉小金井公園の中にある江戸東京たてもの園はいろんな人の自宅や昔の商店がポンと建っていて、テーマパークのような楽しさがあります。人物を入れて、ノスタルジックな写真が撮れます。（杉山秀樹）

◉やっぱり大阪の綿業会館は、外側も中もゴージャスで重厚。意外なお薦め撮影ポイントとしてはビルの外側の非常階段。無骨な鉄の階段の向こうから陽が射す男っぽいムードで、いきなりブルックリンのような光景が撮れます。（深野未季）

●建物の中で撮影するときは、カメラを周りの壁などにぶつけないよう、床に落とさないよう気をつけましょう。（杉山秀樹）

●横浜の開港記念会館は、中の階段踊り場の窓枠や電灯のデザインが素敵なので誰がいつ撮っても絵になる場所。（深野未季）

●明治記念館は、僕も万城目さんも結婚式後に会食をした場所でした。盛り上がりました。（杉山秀樹）

●台湾の在来線の切符は持ち帰れるんです。門井さんの3人の息子さんへのお土産になりました。（石川啓次）

●普通の道路に面して建っているものが多く、「引き」がないので、全体像をレンズに収めるのに苦労しました。楽に全体を撮れるのは、大阪なら中央公会堂、京都は九条山浄水場、横浜の開港記念会館。（深野未季）

◉この本に載っているのは、あくまで「お散歩のときに見える自然な建物の写真」なので、純粋に建物をきれいに撮影したい場合は、それなりの準備が必要になります（脚立とか、シフトレンズとか…）。（杉山秀樹）

◉近代建築って、観にいって、中でお茶したりビール飲めたりと楽しいところが多くて、お散歩やデートにピッタリ。私のお薦めは大阪の農林会館。古いけどモダンな、レトロかわいいものがたくさん発見できます。（深野未季）

◉台湾総督府は、道をわたった向かい側からの撮影しか駄目だったのに、着いたとたんに門の前でバシャバシャ撮影して、警備員のおじさんに怒られてしまいました。（石川啓次）

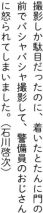

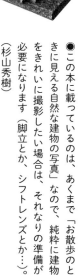

[2013年3月24日]

東京散歩
スペシャル

㊄は万城目さん、㊊は門井さんのお薦め建築です

扉写真：旧岩崎邸の庭園にて

❶ 学士会館　［佐野利器、高橋貞太郎／1928年／東京都千代田区神田錦町3－28］

万城目 今日は日曜なのにこんなに多くの方に来ていただいて、ありがとうございます。

門井 門井でございます。頑張ります。ときどき脱線するかもしれませんが、おおらかな気持ちで聞いていていただければ。

万城目 久しぶりに東京の建築を五件まわりまして、つい先ほど会場に到着したところです。足かけ二年、門井さんと一緒に近代建築散歩という企画をやってきて、それが昨年『ぼくらの近代建築デラックス！』（文藝春秋）という本にまとまりました。この本がきっかけで、今日のイベント、すなわち、建物を見て回ったその足でこの会場に到着し、ほやほやの感想をライブで披露し合う「ぼくらの近代建築デラックス・ナイト！」――、が実現したんですが、実際に二人で歩くのは一年ぶり。

門井 そんなになりますかね。あんまり久しぶりという感じがせず、楽しくまわれました。

万城目 というわけで、まず最初、神保町にある学士会館です。どうやって今回まわる建築をチョイスしたのかというと、これまで「オール讀物」でやってきたスタイルを踏襲して、僕と門井さんがそれぞれ行ってみたいお薦め建築を東京で二件ずつ選びましょうと。さらに、この皮切りの学士会館を僕と門井さん二人の共同推薦ということにして、（四件に一件加えて）きりよく五件まわることにしましょう、と決めました。

門井　共同と言っておいて話をふるのも何ですが（笑）、それじゃあ、なぜ学士会館なのかというあたりから、万城目さんに。

万城目　学士会っていう団体がありまして、いわゆる旧七帝大、東大、京大、東北大、阪大、九州大、北海道大、名古屋大の卒業生が集まる親睦会みたいなものなんですかね。卒業式が終わると「入りませんか」と勧誘される、そういう団体の本拠地がこの学士会館です。

門井　もともと帝国大学は東京にしかありませんでしたから、東京帝大の同窓会的な集まりとして発足したんだと思います。それが七つに増えて、京大ＯＢの万城目さんも入会資格を持っている、と。

万城目　それで、この建物のまわりを歩いてみますと、横の方の敷地に「新島襄《にいじまじょう》先生生

新島襄の碑を検分する私。われながら不審者。（門井）

学士会館の全景。

誕之地」という石碑が建ってるんです。新島襄といえば同志社大学の創設者。同志社ＯＢの門井さんとも縁が深い。それでまあ、学士会館に一緒に行ってみませんか、となった。

門井　まず、新島襄担当という立場からひと言。新島襄は、のちに同志社をつくるので京都イメージの強い人なんですけれども、もともとはたぶん、ちゃきちゃきの江戸っ子のような人だったろうと思います。江戸時代、上州安中《あんなか》藩（現在の群馬県安中市周辺）の藩邸が神田の地にありました。新島襄はその安中藩の藩士なんですけれども、代々の定府《じょうふ》。定府というのはお殿様が参勤交代で国元に帰っている間も、ずっと江戸藩邸に張り付いている、そういうお役目です。

万城目 新島襄、大河ドラマ（『八重の桜』）にも、もちろん登場していますが、二十一歳のときに函館から渡米するんですね。東京や横浜じゃなく。

門井 当時、幕府お抱えの蘭学者で、五稜郭を設計した武田《たけだ》斐三郎《あやさぶろう》という人が函館にいたんです。立派な蘭学者がいるから、私もぜひ学びたいと言って新島襄は函館に行くんですが、行ったときには、武田さんはすでに江戸に帰っていた（笑）[★1]。

万城目 なんというリサーチ不足（笑）。でも、ただで転ばないところが偉いですよ。そのまま外国船に乗ってアメリカに行ってしまうわけですから。

今日、面白かったのは、この新島襄の石碑を見つけた門井さんが、植え込みの中にぐいぐい入っていって、前から後ろから執拗に石碑をチェックするんですよ（笑）。それをじーっと見てくる作業服のおっちゃんがいましてね、これ絶対注意されるわと思ったら、僕らが離れたあと、何も言わずに石碑の掃除を始めてました（笑）。

門井 万城目さんは学士会館、ご覧になっていかがでしたか。

万城目 古い大学そのものですよね。天井がすごく高くて、古さの中にもノーブルな雰囲気がある。あんまりこういうことを言いたくないんですが、ことさら旧七帝大という括りをくっつけてアピールする精神がいやらしいと（笑）、かねがね感じていたわけです。でも、以前、建物の中の部屋で仕事をする機会があったとき、本当に内装が美しくて、これはぜひ紹介したいと思っていました[★2]。

門井　まったく同感です。

万城目　全国に五万人、学士会の会員がおられるそうです。建物にも会員募集のポスターが貼ってあるんですが、「砂漠のオアシス　学士会」と自分たちのことを表している。砂漠の中に学士会館が建っているというイメージポスターなんですね。くたびれはてたスーツ姿のサラリーマンが学士会館に手を伸ばして助けを求めている（笑）。

門井　世のサラリーマンをバカにしているのかと（笑）。

万城目　旧七帝大の紹介ブースが入口の脇にあって、各大学が与えられたスペースでそれぞれ展示を工夫しています。手前味噌ですが、京大がいちばん頑張ってたと思います。ｉＰＳ細胞の山中先生を中心に据えて、歴代のノーベル賞受賞者を紹介してる。上から下から右から左から、とにかく置けるだけパネルを置くというスタイル（笑）。逆に、いちばんありえへんわと思ったのが、奥のオレンジ色のブースに、意味のわからない弥生式土器が一個ポツンと置いてある。誰あろう東京大学ブースです（笑）。「東京大学」の文字さえなく、校章が貼り付けてあって、これでわかれよという高飛車な姿勢。

★1…厳密には新島襄の渡米は「密航」。うんと勘繰れば、武田斐三郎に学びたいというのは真意をかくす周到な口実づくりだったのかも。（門井）
★2…ＴＶドラマ『半沢直樹』のロケにも使われました学士会館。二階の会議室にて、あの香川照之演じる大和田常務の「大土下座」シーンの撮影が行われました。（万城目）

落ち着いた学士会館内の雰囲気。

門井　まあ、たしかに東大は別格かもしれません。もともとここ学士会館は、明治初期に開成学校が置かれていた場所で、東大発祥の地なんですね。そこに教えにきていたお雇い外国人が日本で初めて生徒に野球を教えたということで、野球発祥の地ということにもなっています。

万城目　地球儀のボールを握っている、巨大な手のオブジェをご覧になった方もいるかもしれません。あれが「日本野球発祥の地」の記念碑。

門井　東大発祥の地、野球発祥の地、そして学士会館——東京大学という横糸によって、見事に一つに繋がっているんですね。新島襄生誕の地だけがちょっと違う（笑）。

万城目　神保町のすみっこが、発祥の地、生誕の地だらけなんですよ。

門井　ちなみにこの学士会館、手がけたのは佐野《さの》利器《としかた》。東京帝大の先生です。『ぼくらの近代建築デラックス！』では五十二件の建築を紹介していますが、佐野先生の物件は一つもなく、対談で名前が挙がることもありませんでした。なぜかというと、佐野先生は建築家というより学者さん。耐震構造を専門とする研究者なんですね。大正十二年の関東大震災の後、耐震構造の専門家として、東京中の小学校を鉄筋コンクリートを使って再建したことで知られています。自らの知識を存分に注いで、子供たちの安全のために尽力した方です。

❷ 一誠《いっせい》堂《どう》書店

［都市建築研究所／1931年／東京都千代田区神田神保町1－7］

万城目　学士会館から少し北に歩きまして、門井さんお薦めの一誠堂書店に向かったんですが、残念なことにばっちり定休日（笑）。

門井　神保町の老舗、一誠堂書店。日曜定休です（笑）。私、古い本がたいへん好きで、昔から神保町に出入りしているんですが、中でもひときわ格式が高いのが一誠堂書店。

学士会館前に立つ
大胆なモニュメント。

神保町で一番の古本屋さんです。神保町で一番ということは、要するに日本一。その建物が昭和六年に建てられた近代建築であるということで、みなさんにご紹介できればと。

万城目 僕、何度もお店の前を通ったことはありますが、意識して建物を眺めたのは初めてです。

門井 少し離れて見ると、屋上に木が生えているのが見えるでしょう。古本屋なのに屋上に庭園があるんです。建物は地上四階、地下一階建。店舗は一階と二階だけ。竣工当時、三階は店主の家族が暮らすフロア、四階は店員の小僧さんたちが住み込みで暮らすフロアでした[★3]。一誠堂の八十年史によれば、屋上には庭園とともにお茶室もある。昭和六年、神田の街にはこれほど高い建物がありませんでしたから、店員さんが屋上に上がると、まるで天下を取ったような気持ちがしたそうです。

万城目 古本でそんなに儲かるのかという気がしますが、ずいぶん稼いでらしたんですね。

門井 もともと酒井《さかい》宇《う》吉《きち》さんという人が長岡から東京に出てきて、東京堂で修行したの

一誠堂書店。目を凝らすとロボットのように見えてくる？

ち独立して開業したのが一誠堂書店の前身。古書の世界で最初に外商というビジネスモデルを本格展開したのが一誠堂だと言われています。それまでは店に本を置いて「さあみなさん買いに来て」というのが一般的なスタイル。ところが、一誠堂はお店の方から「こんな本がありますよ」と大学、官庁、図書館などに出向いて注文をとる。店はどんどん大きくなるんですが、大正十二年、関東大震災でやられるんですね。地震による倒壊ではなく、直後の火事で燃えた。当時の店は木造建築、しかも古本は新刊本よりも乾いていて燃えやすい。神田は一面、焼け野原になりました。一誠堂も焼けてしまいましたが、焼け跡にすぐテントを張って本を並べたら飛ぶように売れたと、そういう逸話も残っています。

万城目 いい話ですね。一誠堂、いわゆる写真写りが相当いい建築だと思います。白と深緑の色のコントラストが写真映えしてすばらしい。この緑色はインパクトありますよ。雨どいからビルの横の排水ダクトから、みんな深緑に塗られている。裏のゴミ捨て場の扉まで緑色なんですよ。シャッターも深緑やし、コンセプトがぶれていない。……これ、ちょっとタイムボカンに似てると思いません？

門井 ほう、タイムボカンですか。

★3…地下は倉庫だった。（門井）

一誠堂書店屋上には庭園が。

万城目　緑のシャッターが上がると、中からロボットが出てきそう。建物自体がどこかロボット的な匂いがします。じっと眺めていると、だんだん窓が眼のように見えてきて、ビル全体が人の顔のようでもあり、（NHK―BSのキャラクターの）「どーもくん」みたいじゃないですか？

門井　うーむ……なるほど……。

万城目　いや、無理に同意していただかなくてもいいんですが（笑）。

門井　昭和天皇が亡くなったとき、三代目の酒井健彦《たけひこ》さんのところにロンドンの大英博物館から電話があったんですって。「一誠堂さん、昭和天皇の崩御を報じている新聞、雑誌を全部集めてください」と。こういう依頼を受けるくらいすごい古本屋さんであるということを強調して、一誠堂の話を締めたいと思います［★4］。ちなみに新刊書店の書泉《しょせん》も、もともと一誠堂の資本。また、近くに小宮山書店、八木書店といった名だたる古書店がありますが、みんな一誠堂で修行した人が独立し、いまでは老舗になったお店です。初代の宇吉さんは、弟子たちにほんの目と鼻の先で開業することを許したんですね。トップに立つ者の人間の大きさではないでしょうか。

万城目 結局、まわりまわって街全体が栄えるんですよね。偉い人ですね。

❸旧岩崎邸 ［ジョサイア・コンドル／1896年／東京都台東区池之端1－3－45］

門井 上野池之端、不忍池《しのばずのいけ》近くにある旧岩崎邸にやってきました。こちらは万城目さんの推薦。

万城目 おわかりのとおり、僕は建築に関して完全にど素人だったので、これまでの建築散歩ではどの街でも辰野《たつの》金吾《きんご》というSクラスの建築家の建物を道しるべとしてひとつ挙げる、そういうやり方をしてきました。で、辰野さんの話をするときに必ずくっついて

★4…松本清張も一誠堂の有力な顧客のひとりだった。生前は「社史は私が書いてやる」が口癖だったが、あまり小説の仕事がいそがしくて実現しなかったという。没後、その厖大な蔵書が北九州市の松本清張記念館に移譲されるさい、評価を担当したのも一誠堂。縁が深かった。（門井）

くるのが、お雇い外国人として来日し、辰野金吾に建築を教えたジョサイア・コンドル先生なんです。でも、僕ら、これまでコンドル建築をひとつも見てないんですよね。それなら今回チャレンジしてみようということで、この旧岩崎邸です。岩崎弥太郎の息子さんの家ですね。

万城目 調べてみるとコンドル建築ってそこそこ残ってはいるんですけど、どれもとてつもなく貴重なもので、おいそれと見学できない。女子大の本館として厳重に管理されてたり、財閥系企業の会員制倶楽部として使われていたり。そんな中にあって、この旧岩崎邸は、入園料四百円を払えば誰でも見学できる貴重なスポットなんです。ぱっと見、ギリシャ正教の教会のような青いドーム屋根が印象的なんですが、これ、驚くべきことにぜんぶ木造建築でね。

門井 びっくりですね。石のように見える柱ですが、ぐっと寄ってみると木造であることがわかります。私、明治二十九年なのに木造建築かと、正直驚きました。というのもコンドルさん、明治十年に来日して、割とすぐに有名な鹿鳴館《ろくめいかん》をつくるんですけれど、鹿鳴館は煉瓦《れんが》造なんです。コンドルさんはけっして耐震性をおろそかにする人ではなくて、明治二十四年、濃尾《のうび》地震というマグニチュード8の巨大地震が発生したときも、いまだ余震が続いている中、自分の足で山中まで被害を見に行き、どういう建物がどういうふうな壊れ方をしたか詳細に調べるんですね。それくらい耐震性に関心があったコンドルさんが、なぜ岩崎邸に木を用いたのか。天下の大三菱の当主の邸宅、しかも洋館です。予算に限りがあったはずもありません。なのになぜ、あえて木造を選択せねばならなかったのか！

万城目 おお、なにやらすごい秘密があるような雰囲気になってきましたね（笑）。

門井 もちろん真実はコンドルさんに聞かないとわかりませんが、学問的には諸説あります。ひとつには「日本回帰」。コンドルさんは日本が大好きで、日本の伝統的な木造建築を手がけたかったのだ、と。しかし私は、先ほど申し上げた耐震性の観点から、この説は採りえないと思っています。

（会場どよめく）

万城目 盛り上がってきました！

門井 あくまで私の意見ですよ（笑）。単

正面玄関から見た旧岩崎邸。

洋館と地下通路で結ばれているという撞球室。

なる私の意見ですけれども、おそらく当主の岩崎さんが木造建築が好きだったんじゃないか。

万城目　ほう、岩崎久弥さんが。

門井　はい。たとえコンドル先生といえども、施主の意向は無視できません。岩崎久弥という人は慶應義塾を経て、アメリカで五年間ほど勉強してくるんです。そこでアメリカ風の古き良き木造建築に目覚めてしまったんではないか。それを自分の邸宅で再現したかったんじゃないかというのが私の説［★5］。

万城目　（難しい顔つきで）うーむ……。

門井　根拠としては弱いでしょうか？

万城目　いや、あると思います。洋館の隣に撞球室が建っているんですが、こちらはよりアメリカンなログハウス風でしたものね。

門井　洋館の中に入って意外だったのは、構えの大きな邸宅の割に、玄関が普通サイズで、ホールは玄関を進み、廊下を左に曲がった先にあるんです。一般に、玄関を入るとすぐ大きなホールが広がり、中央

正面玄関の柱。近くで眺めると木造であることがわかる。

旧岩崎邸サンルームで談笑する二人。建築散歩の至福のひととき。

に階段が通っているというのが壮麗な洋館のイメージじゃないですか。これはおそらく岩崎邸が木造建築であったことと関係していると思います。木造ですから柱を多く立てないといけない。壁もたくさんつくらないといけない。どうしても一部屋一部屋を狭くせざるをえないという構造上の要請ではないかと。私はむしろそこに親しみがわくんですが。

万城目 わかります。東側のガラス張りのサンルームも、落ちついたいい雰囲気でした。細部の意匠も凝っていて、スチームヒーターのパイプなんて、普通、むき

★5…留学先は独立十三州のひとつペンシルバニア州、アメリカでも特に古き良き地方なのである。って説の補強にならないかなあ。(門井)

出しのままでしょう。でも、パイプ一つ一つに百合のようなレリーフが彫られているんですよ。文化財なので触れないでくださいって、ヒーターにまで注意書きが貼られてました。

門井　裏の庭園側に張り出している一階ベランダの床には、きれいな模様のタイルがびっしり敷かれてましたが、これは英国ミントン社製のものだそうです［★6］。

万城目　ほんま、アメリカかイギリスにやってきましたと言っても通じるような、洒落たお屋敷ですよね。明治二十九年に日本人がこんな家で暮らしていたことが驚きです。

門井　コンドルさんは辰野金吾のお師匠さんでしたが、実は辰野金吾よりたった二つ年上なだけなんです。

万城目　へえー、たった二つ。

門井　コンドルさんは神経質なくらい真面目な人で、さほど年の変わらない教え子たちに講義をするのにも、まず西洋における建築の歴史を覚えさせよう、図面の引き方も一から教えよう、最終的には大建築の図面を引けるようにしようときっちり考えてカリキュラムを組んだ。ひょっとしたら当時の工部大学校造家学科のカリキュラムは、ロンドン大学よりもレベルが高かったんじゃないかとまで言う人がいます。

万城目　コンドルさんは三菱系の建築をたくさん手がけてるんですよね。一方、弟子の辰野金吾は渋沢栄一《しぶさわえいいち》がパトロンで、渋沢が三菱や三井と激しく喧嘩するもんで、仕事がぜんぜんまわってこない。東京駅を受注するまではえらい苦労した——という話を、僕、一週間くらい前に渋沢栄一の本で読みました。これ、今日の対談で使える、僕もついに門井さんみたいにしゃべれる！　と思ったんですけど（笑）、一週間たったらほとんど忘れてしまってて……（爆笑）。

門井　東京駅の仕事が決まったときに、辰野金吾は万歳をするんですね。

万城目　そうそうそうそう！　そんな話も書いてました（笑）。辰野は相撲が死ぬほど好きで、庭に土俵があって、裸でまわしをしめて土俵入りをして、東京駅の方に向かって万歳したと。

門井　おおっ、いい話ですね。ちなみに、辰野金吾の人生三大万歳というのがありまして、一つは東京駅受注、二つめは日露戦争に勝ったとき、三つめは自分の臨終のとき。亡くなる間際に奥さんと長男に「俺を起こせ」と言って身体を起こさせ、まわりの人に一言ずつ訓示を与えて、最後に「万歳」と言って息を引き取った。

万城目（疑い深げに）ええーっ？（爆笑）

門井　もちろん、見たわけじゃないですよ！　辰野の息子がちゃんと書き残しているん

★6…終戦後、岩崎邸はＧＨＱに接収された。一時的ながら本当にアメリカ人のものになってしまったという歴史の皮肉。（門井）

です。息子はフランス文学者の辰野隆ですから、ちょっと話を盛っている可能性はありますが。
万城目 いやいやいやいやいや、そんな話ありえますか（笑）。
門井 だって、読んだんだもん！（笑）

❹三井本館

［トローブリッジ・アンド・リヴィングストン事務所／1929年／東京都中央区日本橋室町2－1－1］

門井 上野から一路、日本橋にやってきまして、日本銀行本店のすぐ近く。三井本館です。万城目さんの推薦ですね。
万城目 三井住友銀行の看板が出ていますが、銀行だけじゃなく、三井系の企業がいくつか入っています。僕、大学を卒業して会社で働いていた時期がありまして、実はそれが三井系列の企業だった。だから内定式がこの三井本館。館内の大きなフロアで、立食形式の内定式をやったんです。まだ学生でしたから、びっくりするわけですね。絢爛豪華《けんらんごうか》なフロア、一番奥には三

巨大な列柱の迫力は圧巻。

三角屋根には三井家の家紋「四ツ目結」が。

メートルくらいありそうな巨大な金庫の扉もある。当時は近代建築なんて知識はまったくなくて、ただ、えらいごつい建物やな、すごいな、さすがやな、と思った記憶があります。いま思えば毎年必ず同じことを言ってるんでしょうけど、人事部長が真面目な顔で「今年の内定者の中から社長が出ると思います」って言うんですよ。式が終わった後、男の内定者だけ、みんなにやついてる（笑）。あの頃は若かったなあと、そういう思い出の場所でもあります。

門井　建築に目を向けますと、いわゆる柱の真ん中がふくらんでいるエンタシス。列柱を下から見上げると大変な威圧感です。日本全国、銀行建築は多く残っているんですが、だいたいどれも似たような雰囲気ですね。白い花崗岩《かこうがん》を使って、どーんと列柱を並べて、まず見る者を威圧する。玄関の上には屋根をつくって紋章を入れる。こちらも三井家の家紋が入っています。隣に日本銀行がありますけれども、現物を見くらべると、日本銀行より三井住友銀行のほうが威張ってますね。

万城目 豪華です。アメリカの設計事務所が手がけていて、これほんまに日本か？　というような、まさにウォール街の雰囲気。思い起こせば会社員時代、この建物の前を通って東京の本社に何度か行ったんですよ。見れば見るほど、酸っぱい感情が胸に去来しますね。

門井 それはネガティブな意味でしょうか？

万城目 （こくりと頷いて）ほんま、本社ではよく叱られましたからね。地方の工場勤務でのほほんとやってたので、本社の研修では「な

三井本館の庇の下に連続する突起状の装飾がコーニス。

んでこんなこともできないんだ！」って、めちゃくちゃ怒られるんですよ。終業後に経理部長に呼ばれて、お蕎麦屋さんで話をしようということになったんです。僕、東京の蕎麦屋というものを知らなくて、蕎麦ならちゃっちゃって食べてすぐ帰れる！　やった！と思ってたら、東京の蕎麦屋ってつまみを頼んでお酒を飲むところなんですね。ひたすら、怒られたなあ（笑）。

門井　あの、まるで三井住友銀行が悪いみたいですが、違う会社ですよね（笑）。

万城目　違います！　銀行じゃありません！

門井　銀行がらみで思い出したんですが、私、最近、三井住友銀行に口座をつくりまして、書類を書くんですけれども、その中に「勤務先（必須）」という欄があるんですね。作家なので、どう書いたらいいのかわからなくて、迷ったあげく「勤務先　門井慶喜」と書いて出した（笑）。そしたら口座、つくってくれました。

万城目　あえてここで逆の主張をしたいんですけど、僕、作家になる前の無職のときに三井住友銀行に口座をつくりに行ったんです。勤務先？　平日の十時頃にジャージ着て並んでる人間に、勤務先なんてあるわけないじゃないですか（笑）。仕方なく「僕、無職なんですけど」と言ったら、まず、専業主婦に丸をつけてくれと言われたんです。主婦の婦はもちろん婦人の婦ですよ。さらに勤務先の欄に「無職」って書けと。とどめを刺されました。

門井　えー、最後に、建築に関してひと言だけ（笑）。めずらしいものではないんですけれど、列柱の上、屋根庇《やねびさし》の下に水平に並んでいる突起がありますね。コーニスというんですけれど、軒下に点線のようにポッポッポッと続いている。軒蛇腹《のきじゃばら》という言い方もします。いろんな建築でよく見かけるものです。でかくてよく目立つというほかは、特に三井本館のコーニスに特徴はございません。ただ、次の有楽町ガード下でも出てくるので、ここでぜひ覚えておいてください。

❺有楽町ガード下　［フランツ・バルツァー／1914年／東京都千代田区有楽町］

万城目　東京駅のはとバス乗り場のあたりから、線路脇の赤煉瓦を眺めつつ、有楽町、新橋方面へと歩きました。こちらは門井さんの推薦ですね［★7］。

門井　なぜ有楽町ガード下なのか。そもそもこれは近代建築なのか。不思議に思われる向きもあろうかと思います。『ぼくらの近代建築デラックス！』を読んでくださった方はご存じだと思いますが、私はこれまで一都市について一つ、必ずこうした変化球、建物ではないものを挙げてきました。京都ではＳＬの車庫、東京では日比谷公園。それは近代建築というものをなるべく広く捉えたい、明治以降につくられたものであればみんな近代建築に含めていいとさえ思っているからです。ではなぜ有楽町ガード下か。この

明治末年につくられた土木建築物には、日本の近代史がすべて詰まっていると言っても過言ではないからです。（会場どよめく）

万城目　ほう、ほう。

門井　これら赤煉瓦の高架橋は明治四十三年に全線開通したんですが、大正時代の関東大震災にも耐え、戦争にも耐え、その後、昭和の情緒あふれる居酒屋がテナントとして軒を連ね、その上の線路をいま、平成の最新型車両が走っている。近代のすべての年号を包含する、この重層性！　私、この感動をみなさ

★7…以前から有楽町の地名の由来が、織田有楽斎《うらくさい》（織田信長の弟）から来ているという話に、「こんな栄えた町に名前を使われるようなスケールある人と違うと思うんやけどなあ」と、ひそかに不満を抱いていたのですが、最近、実は何の根拠もない俗説にすぎないと知り、ひと安心しました。（万城目）

赤煉瓦の庇の下に見られるコーニス。

んの前でしゃべらずにおくものかと……

万城目 門井さん、みんな、ポカーンとしてますよ（笑）。

門井 そんなあ！（笑）

万城目 この高架の線路、ルーツはドイツなんですね。

門井 はい。明治の頃、すでに有楽町、新橋エリアは繁華街でしたから、鉄道を通そうにも地平線方式（地べたを走らせること）では用地買収にすごく時間がかかる。最初から高架線にすることが決まりました。ところがそんな技術は日本にない。ならばベルリンの鉄道をモデルに勉強しようということで、フランツ・バルツァーさんが招聘されたんですね。

万城目 明治にいきなり高架の線路をつくってやろうという発想がすごい。

門井　東京市会でも侃々諤々《かんかんがくがく》の議論で、地平線にするのか高架線にするのか、赤煉瓦にするのか鉄骨にするのか、議論百出、最終的には赤煉瓦で決着しました。アーチ式高架橋と言いまして、赤煉瓦の長ーい壁をつくりながら、アーチ型のトンネルを開けていく。アーチ型の構造って、縦方向に対する強度があるんですね。縦方向の強度を確保しつつ、どんどん横に赤煉瓦を伸ばしていく。……この、赤煉瓦の庇の下に、なんとコーニスがあるんです！

万城目　おお、繋がりましたね。

門井　あの三井本館を飾っていたコーニス、壮麗な建物の装飾に用いられるコーニスが、鉄道の高架橋という土木建築にも施されている。しかも、コーニスの下にはメダイヨン（円形装飾物）の跡まで残っています。こんなふうに装飾にも気を配りながら、明治末年、高架の線路をつくってたんだなあと思いを馳せていただければうれしいですね。

万城目　面白いですね。しょっちゅう眺めているはずのところですけど、教わらないとわからない

アーチとアーチの間に残るメダイヨン（円形装飾物）の痕跡。

ディテールです。

門井　アーチの中にたくさんのお店が入っているので、看板が上から貼られて、メダイヨンの跡が隠れてしまっているところもありますが、基本的にはアーチとアーチの間には必ずこの円形装飾が施されていたんだろうと思います。で、有楽町駅まで歩くと、赤煉瓦のアーチの代わりに鉄骨、鉄桁が高架を支えて、下が車道になっているところがありますよね。

門井　これは戦後、モータリゼーションが発達したから煉瓦を鉄骨に変えたのではなく、明治の開通当初からこうなんです。つまり、最初から赤煉瓦の部分と鉄骨の部分とが両方あった。当然、強度を考えて全線鉄骨という案もありました。それをしなかったのは、鉄骨を国産できなかったから。

万城目　それは八幡製鉄所のできる前の話ですか？

JR 有楽町駅横。高架線を支える鉄桁部分。

アーチとアーチに挟まれた小アーチ。有楽町〜新橋間で見られる。

門井　すでに八幡製鉄所は操業してましたが、生産力が高くなく、国産の鉄骨の質もそれほど高くなかった。輸入に頼らざるを得ないため、調達コストがかかったんですね。一方の赤煉瓦は、すべて国産できたんです。誰のおかげかというと、先ほど出てきた渋沢栄一。渋沢は華族、旧大名家からお金を集めて日本煉瓦製造会社を埼玉県につくり、そこが本格的な煉瓦の国産化に成功したので、当時、赤煉瓦建築をどんどんつくれるようになっていたんですね。

　さらに有楽町を過ぎ、新橋へと進んでいくと、メダイヨンの跡がなくなり、代わりにアーチとアーチのあいだにもうひとつ、ちいさなアーチ装飾が入ってくるようになるんです。

もつやき
富貴

アーチの下に広がる魅力的な世界。

門井　これは割にはっきりエリアがわかれていて、有楽町から北はメダイヨン、南はちいさいアーチ。この小アーチは透かし彫りの装飾ですが、単なる装飾とは違って、小アーチの頭頂部にも、要石《かなめいし》という時計の文字盤の目盛りみたいな楔形《くさびがた》の石が打ち込まれています。おそらくこの小アーチには、高架の強度を上げる意味があったのだろうと思います。なぜなら、有楽町の北と南とで地盤の強度が違ったから。

万城目　おーっ、なるほど。

門井　有楽町から南は、江戸時代に外堀があった埋め立て地。地盤が軟弱なんです。もちろん基礎工事はします。六メートルほどの深さの穴を掘り、松の杭を埋めて地盤を固める。ところが地盤が弱いので、いくら打ち込んでも、翌朝になると、埋めたはずの松杭がみんな浮いてもとに戻ってしまっている。有楽町の南側は、それくらい地盤が軟弱で地下水のレベルが高かったんですね。だから松杭の上にコンクリートを敷き詰め、さらに煉瓦を敷き詰めてようやく地表に達する。その上にこの赤煉瓦のアーチをつくっていったんだそうです。地表よりも地下の基礎部分の方がずっと深いんです、有楽町のガード下は［★8］。

万城目　プロジェクトXばりのドキュメンタリー番組になりそうですね。みなさん、いつも僕、こうやって門井さんの蘊蓄《うんちく》を聞いて「すごいっすね」とか言ってるんですけど、恐ろしいことにいざ本にするとなると、それが文字になるんです。一目瞭然なんですよ、自分の仕事量が（笑）。一ページあたり門井さんの台詞が九割、僕「ハハハハ」だけ。チェックするとこあらへんやん、みたいなね（笑）。

門井　いやいやいや（笑）。

万城目　ここ、今日歩いていていちばん楽しかったところですね。時間がなくて途中でき りあげましたけど、ガード下にいろんなお店が並んでるんですよ。焼肉トラジみたいな普通の店から、新橋近くになるとだんだん風情のあるお店が増えてきて、お腹がすいたらふらっとご飯食べるのもいいし、喉が渇いたらビールを飲んでもいい。昼間っからみんな飲んでましたよね。

門井　それが許される雰囲気がありますね。ある意味いちばん東京らしいところかもしれません。

探訪を終えて

万城目　まだまだ行きたいところがあるなあと、近代建築を見るたびに思います。東京は件数も多いですし、一個一個の質が高い。震災を耐え、戦争をくぐりぬけて、物語のあ

★8…それでも完成後、地盤沈下が起きた。豆腐のような土地だった。（門井）

る建物が残ってるんですよね。現存するコンドル建築の写真を見てると、二十一世紀の東京にまだこんな豪華な建築が、しかも広大な庭園とセットになって残っているのか、とびっくりします。

門井　近代建築ってちょっと前までは嫌われものだったんです。汚いし、エアコンの効きは悪いし、地震がきたら壊れそうだし、いわば街の鼻つまみものだった。それがある時期を境に、件数がどんどん減ったことによって稀少価値が生じて、修復し、保存し、さらにはリノベーションによって甦らせようという動きに繋がっていく。東京駅などその最たる例ですけれども、復元することで新たなお客さんを呼べる存在になったわけですね。

万城目　今日も、東京駅の前はものすごい人でしたものね。

門井　歴史を繙《ひもと》けば、それは何もいまに始まった話ではなくて、明治の人もそうだったんです。廃仏毀釈。日本古来の寺院なんてもういらない、汚くて見苦しい仏像なんていらないという流れの中で、興福寺の五重塔でさえ壊されようとしていた。ところが少し時代が下ると、古くからあるものはやはり貴重だと寺社めぐり仏閣めぐりをする人が増え、それは一過性のブームに終わらず現在まで続いています。

　近代建築も、いまブームだと言われています。私たちも本を出し、こうしてトークイベントをやらせてもらってる。おそらくこれは一過性のブームには終わらないんじゃないかと私は思います。私たちにとって近代建築に親しむという行為は、寺社仏閣めぐり、お城めぐりのような楽しみにもうひとつ新しい選択肢が加わったということではないかと、非常に頼もしく思っているんです。今日はとてもいい一日でした。（会場、感動のあまりシーンとなる）

万城目 すばらしい！　なんですかこの感動的な言葉は……門井さん、ぜったい卒業生代表で答辞とか読んだでしょ。みんな泣いてたでしょ。

門井 読んでません、読んでません（笑）。

（二〇一三年三月二十四日、お台場・東京カルチャーカルチャーにて「ぼくらの近代建築デラックス・ナイト！」と題して行われたトークイベントをもとに構成しました）

台湾散歩

[2014年7月1〜3日]

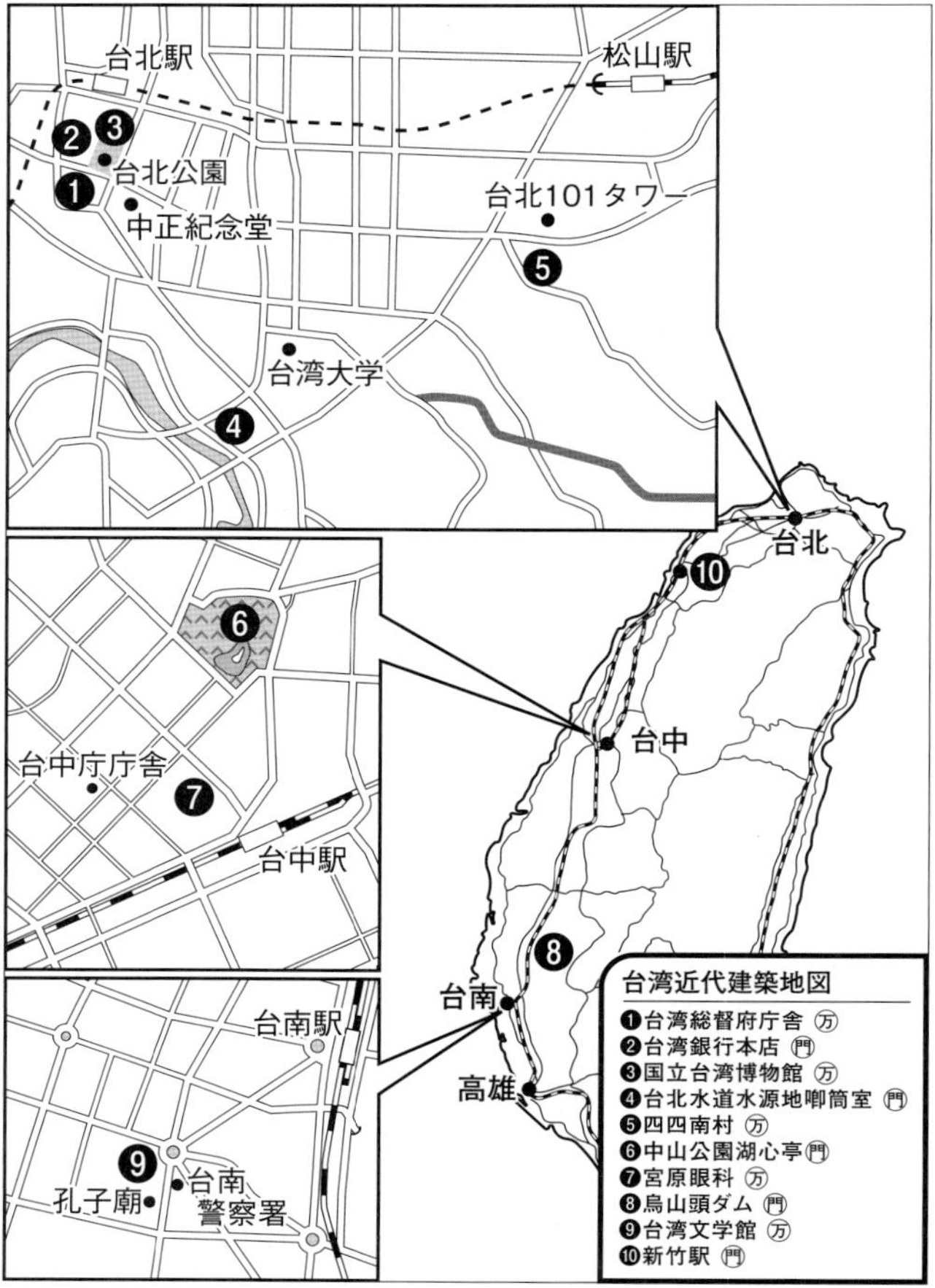

扉写真：台湾総督府

㊎は万城目さん、㊫は門井さんのお薦め建築です

❶台湾総督府庁舎

［長野宇平治原案、森山松之助設計／1919年／台北市中正区重慶南路1段122号］

万城目 このたび『ぼくらの近代建築デラックス！』の台湾版が出るということで、現地の出版社のご招待を受けまして、台湾にやってまいりました。二年前に本が出たとき「これでもし外国に行った日には『ぼくらの近代建築アブロード！』になりますね」なんて冗談を言ってたんですけれど。

門井 大阪から始まった企画がついに海を渡ったとは、感無量です。

万城目 これまでのやり方と同じく、その都市における赤レンガ建築のセンターとなるべきものを挙げておこうと、まず台湾総督府庁舎をピックアップしました。

門井 東京だったら東京駅、大阪だったら中央公会堂に当たるのがこの総督府ですね。建物の前にきわめて広い道路があり、背後には何もなく、まわりの風景が広々としているので、私には想像していたよりも建物が小さく感じられました。

万城目 中を見学でき、日本語が達者なガイドのご老人が解説もしてくれて、おおらかな雰囲気なんですけれど、いまも台湾総統の仕事場として使われていて、銃をもった兵士が警備している。赤レンガ建築が生々しい現役の政治の場でもあるのが、日本との違いかもしれません。

門井　最初ですから、私から簡単に日本と台湾のかかわりを補足しておきましょう。台湾総督府は一九一九年竣工。原案が長野《ながの》宇《う》平《へい》治《じ》、設計は森山松之助ということになっていて、どちらも日本人です。なんでそもそも台湾の建物を日本人が作るのかというと、当時、台湾は日本だったからです。一八九四年の日清戦争で日本が清に勝ち、翌年、清国から領土の割譲を受けます。台湾をもらったわけですね。ここから日本の植民地統治が始まり、台湾の近代が始まったといっていいだろうと思うんです。それ以降、日本人のお役人たちがどんどんやってきては官庁をつくり、銀行をつくり、駅なんかをつくっていく。今回、台湾の近代建築を見るというのがテーマですけれども、それは必然的に、日本の統治時代の建築を見るということになります。

そういう歴史を踏まえた上で、総督府です。台湾総督、つまり日本から来た植民地統

台湾総督府。塔は東（日本の皇居）を向いている。

治のトップのための、まあ大統領官邸みたいなものですね。ところがどうもバランスが悪い。中央の塔がデザイン的に高すぎるように思う。

万城目 結構かわいらしいと思いますけど（笑）、でも、たしかに他と比べたらだいぶ高い。普通なら左右にドームがあってもよかった感じがします。……あ、長野宇平治の原案だと塔はもっと低いんですね。

門井 そうなんです。それがなぜこんなに高くなったのかと考えたら、やっぱり植民地時代だから、日本人が日本の威厳を見せつけたがったというのが通説です。しかし私が疑問に思うのは、建物の完成が一九一九年で、すでに日本の統治は安定期に入っているんですね。領有開始から二十年以上も経過して、余裕が出てきた時期にそこまでする必要があっただろうか。私は首をかしげたい。

万城目 ほう、ほう。

門井 そこで私が思うのは、要するにこれは設計の混乱だろうと。東京でおこなったコンペに当選したのは長野宇平治だったのに、その後もめにもめて、なかなか設計が決まらず、結局、十年近くたってようやく総督府は完成を見る。その設計段階のゴタゴタがデザインに反映してしまったのではないか。あたかも東京の国会議事堂がそうであったように。

万城目 ああ、なるほど！　国会議事堂。

門井　国会議事堂は辰野金吾が「俺がやりたい」と音頭をとったもののすぐ亡くなり、次に矢橋賢吉という人が出てくるけれど彼も亡くなり、多くの建築家がかかわった結果、いろんな様式の入り混じったデザインになってしまう。それと似た状況が総督府にもあったんじゃないか。逆にいえば、東京にいた建築家たちはそれだけ台湾の総督府を設計したかった。国会議事堂と同じように、これをやれば名誉になる、男子一生の仕事になると誰もが思っていた。植民地が日本の知識人にとって晴れの舞台であったことの現われです。ゴタゴタはむしろ台湾の重要性のあかしなんですね。

万城目　見てください、レンガの赤が濃いんですよ。おかげで、空の青をバックにしたときすばらしく映える。台湾の強烈な日ざしにもまったく負けていない。そして、日本の赤レンガ建築と大きく違うのは、いわゆるコロニアルスタイルだということです。正面から見ると、いちばん外側の壁面に窓をあけず、奥に窓を引っ込めて、外廊下を通してベランダ風にしてあるんです。

門井　ほんとだ。おそらく風通しをよくするとか、日陰を作って日ざしを避ける意味があるんだろうと思いますが、赤レンガとベランダの組み合わせ、面白いなあ。

万城目　まあ、いちばん面白いのは、門井さんと本当に台湾に来ちゃって、好き勝手によそ様の建物の話をしていることですけれどもね。

❷台湾銀行本店［西村好時／1938年／台北市中正区重慶南路1段120号］

万城目 総督府のお隣に建っているのが、台湾銀行本店です。こちらは門井さんのお薦め建築［★1］。

門井 内地でこれまで銀行建築を見てきたので、台湾でも銀行を見てみたいというのが一つ。もう一つはこの台湾銀行、日本の内地ではあり得ない、植民地ならではの業務をしていた銀行なので、その興味から選びました。

話を日台の歴史に戻します。日清戦争の後に、三国干渉というのがありますね。日本は清から遼東半島と台湾ほかをもらったわけですけれども、ロシア、ドイツ、フランスが一緒になって遼東半島を清に返せと横からくちばしを入れてきた。当時の日本人はたいへん悔しい思いをしたわけですが、逆にいえば、台湾を返せとは言われなかった。つまりヨーロッパにとって、台湾はどこが統治しようがかまわないよ、と。

万城目 あんまり重要視されていなかったわけですか。

★1…建物を見にきただけの我々に、わざわざ台湾銀行側が説明の方をつけてくれ、さらにお手製の資料まで作って渡してくれまして、まこと感謝でございました。（万城目）

台湾銀行本店。これぞ銀行というべきオーソドックスなスタイル。

門井　そうです。だいたい当事者である清ですら、下関条約の条約交渉のとき全権大使の李鴻章《りこうしょう》が「台湾はむつかしいですよ」とポロッとこぼしたというぐらい、はっきりいって清国も持て余していたんですね。未開すぎるから。

万城目　なるほど。

門井　そんな台湾の当時のお金、経済状態はどうだったかというと、日本人も行ってみて驚いたことに、貨幣というものが、ないのではなくてありすぎた。つまり、清朝が作ったお金が流通している。それに似せて地元の人が勝手に作ったいわゆる私鋳銭も流通している。さらに、日本でいうところの豆板銀みたいな銀塊さえ流通している。これはもう家康による慶長小判以前の段階です（笑）。こういう混沌とした状態だっ

門井さん所有の絵葉書。竣工当時の内装はいまも変わらない。

たので、台湾銀行を作って真っ先にやったのが貨幣の製造と流通なんです。まさに植民地ならではの初歩的すぎる役割を担わされた面白い銀行なんですね［★2］。

万城目 見た感じ、日本の歴史ある銀行の雰囲気とほぼ一緒。そして、中が驚くほど広いです。僕らがこれまで見たところでは、旧日本銀行京都支店（京都文化博物館別館）が広々としていましたが、それの倍はある。

★2…台湾銀行開業時、わざわざ総督府は諭告を出した。「この銀行が発行する銀行券は、公費の納入にも使えるし、持って来ればいつでも銀貨と交換してあげるから、安心して使うように」。丁寧というか、噛んで含めるようというか。

もうひとつ忘れてはならないのは、調査課の仕事。台湾における米価の変遷とか、金鉱業の現況とかを小冊子にまとめて内地の銀行等に配布する。いかにも植民地の仕事ですね。（門井）

この広さで、いまも現役の銀行として営業しているのを見るとびっくりしますね。見学する前に門井さんから当時の古い絵葉書を見せてもらったんですが……。

門井　カウンターがあって、順番待ち用のベンチがあってっていう写真。

万城目　そうそう。竣工当時といまと、もうまったく同じなんです。カウンターの柵がなくなったぐらいで、ほぼ同じロケーションですね。

門井　お隣の総督府と同じで、いまもバリバリの現役であると。

万城目　この台湾銀行、入っていちばん興味を引かれたのは、トイレのところに「授乳室」の案内があること。聞くと、冷蔵庫が置いてあって搾乳と授乳と両方できる。お客さんと女性行員のために設けているんだそうです。日本の銀行で女性のための授乳室、なんて想像もできないことですが、「当然でしょ?」みたいな感じで説明されて、さすが女性も働くのが当たり前の台湾やなと。

門井　万城目さんもおっしゃったように、よくも悪くもいかにも銀行建築。拍子抜けするほど普通の銀行建築。あまりにも基本に忠実で、それはなぜかと考えるに、設計が西《にし》村好時《むらよしとき》である。この人は、明治四十五年に東京帝国大学を卒業し、第一銀行の建築課長をへて独立。第一銀行の本店支店をすべて設計し、独立後もひたすら銀行を設計しつづけた銀行建築のエキスパートなんです。昭和八年には『銀行建築』という著書を出していて、これがまた、こんにち読んでも非常にわかりやすい本で。

万城目『銀行建築』。そのままの題名ですね。

門井 内容も本当にそのまんま。現代の建築科を志望する高校生でも読めそうなくらい平易な文章で、どこかが復刊したらいい（笑）。カウンターの内側にはこれこれこういうふうに引き出しを作ると便利だとか、最近のアメリカでは引き出しの中の一つにはピストルを入れるようになっているとか（笑）、そんなことまで懇切丁寧に書いてあります。そもそも銀行建築っていうのは、耐火、耐震は当然として、とにかく強盗を防ぐ、金庫破りを防ぐというきわめて実際的な目的があります。なかなか若い者に「おまえ、存分にやってみろ」とは言いづらい分野の建築だと思うんですね。それだけに、西村さんのようなエキスパートが平易な本を書く理由があるんでしょう。この台湾銀行の建物も、いわば教科書がそのまんま立体化したようなものですね。

❸国立台湾博物館

［野村一郎／1915年／台北市中正区襄陽路2号 二二八和平公園内］

門井 台北市内を少し移動して、国立台湾博物館。万城目さんのお薦め建築です。

万城目 児玉源太郎と後藤新平に縁のある建物ということで選びました。建物が立派だというだけでなく、本人たちの像があるというので、それを確かめてみたくて。

児玉源太郎といえば『坂の上の雲』の陰の主役ともいえる日露戦争の英雄。その児玉が台湾総督をやっていたと聞いて、どんな総督ぶりだったのか興味をもったんです。でも、実際の児玉は名ばかり総督で、児玉の下で民政長官を務めた後藤新平ががんばったらしいですね。

門井　まさに日露戦争のせいで、児玉源太郎は戦地に身体を取られちゃったので。一説には、戦争が始まったとき、児玉源太郎に台湾総督を代えましょうかと言った人がいた。すると児玉は「別の者が総督になったら後藤の邪魔をする。後藤に好きなようにやらせるために、名前は俺のままにしておけ」と言ったとか。

万城目　上司にしたい歴代台湾総督ナンバー1や……。この建物、まず外の列柱がめちゃくちゃ立派ですね。

門井　台湾銀行よりもよっぽど銀行建築っ

国立台湾博物館。ギリシャ神殿を思わせる本格的な古典様式。

ぽいと思いました。

万城目 大英博物館っぽくもあり、横浜で見た大倉山記念館にも似ている。玄関ホールの上にドームがあるというのは、外観としてもかわいらしいし、中に入るとものすごく広く感じます。天井のドームを見上げると思わず声が漏れるほど、金色がふんだんに使われていてじつに華美。最初から博物館として建てられたそうですが、これ、完全に迎賓館の作りですよ。

門井 細部の一つ一つはすごく派手ですが、全体としてまとまっていて、ごちゃごちゃした印象は受けませんね。

美しい天井ドームのステンドグラス。

万城目 この博物館、二二八和平紀念公園の中にあるんですけれど、つい最近まで台湾ではタブーとされていた二・二八事件をちゃんと公園の名前に冠し、さらにその中に日本人を記念して建てられた博物館を置いているのもすごいなあと思うんですが。

門井 二・二八事件というのは、あの、タバコ屋のおばちゃんが役人に殴られて怪我をしたのが引き金になったという……。

万城目 そうです。日本が敗戦で出て行った後、今度は国民党政府がやってきて台湾を治めていたわけですが、一般人女性への官憲の横暴に怒った民衆がこの公園内にあったラジオ局を占拠して市民に決起をうながしたと。最初ちょっとだけうまくいって抗議運動が全島に広がるんですが、やがて中国本土から国民党軍がどっとやってきて徹底的に鎮圧され、何万人という犠牲者を出した。そういう重大な事件の舞台になった場所にこの博物館は建っているということですね。

竣工当時は、入るなり右と左に後藤新平と児玉源太郎の像があったそうですが、いまでは見当たりません。どこにいったのかと探したら、建物の三階の奥のほうに立派な展示コーナーができてまして、二人ともそこにいました。後藤新平はもともとお医者さんということですが、本当に優しそうな、学校の先生のような風貌ですね。児玉源太郎は当時流行の鬼ひげなんですけれども、やっぱり〝ザ・将軍〟っていう感じ。

この建物には、ランプの飾り台から天井のステンドグラスまで、至るところに後藤家の家紋（下がり藤）と児玉家の家紋（軍配団扇）がデザインされていて、不思議な感じがします。なんでこうまでして、この二人を顕彰してくれているのか、と。

門井 児玉源太郎は日露戦争後の一九〇六年に急死。後藤新平も満鉄総裁に就任が決まって、同じ年に台湾を去っています。博物館の竣工が一九一五年ですから、ご本人たちの名誉のためにいっておきますと、在職中にお手盛りで作らせた建物ではない。後藤新平という人は万城目さんおっしゃるようにお医者さんあがりの人で、実質八年間の民政長官時代に、とくに公衆衛生分野において非常に顕著な足跡を残した人です。これについてはこれから行くポンプ室のところできちんと述べたいと思います。

❹台北水道水源地喞筒室 ［野村一郎／1908年／台北市中正区思源街1号］

万城目 というわけで門井さん推薦の台北水道水源地……これ、何て読むんですか？

門井 ショクトウシツです。喞筒はポンプの日本語訳ですから、いわゆるポンプ室ですね。（建物を眺めながら）それにしても、ポンプ室というよりはいかにも銀行建築という感じ。もっと浄水場っぽいところをイメージしていたんですが……。ポンプ室って建物の用途が明確で、水源となる川から高い場所までいったん水を汲み上げ、そこから台北市全土に網の目のように水を下ろしていく。その汲み上げるための機械を収める建物がポンプ室であるからには、風光明媚な、街から離れた小高い丘の上、川があって丘があって――そういう眺めのいいところに存在するのだろうと思っていたら、思いきり街の中で。

万城目 京都で僕らが見た九条山浄水場ポンプ室が比較対象かなと思うんですけれども、

台北水道水源地喞筒室。回廊式に列柱が並び、厳めしいデザインだが……。

あちらはまさしく山の中にひっそりそびえていましたよね。

門井　翻ってこちらは街中、しかも、いまは一帯が公園（Taipei Water Park）になっていて、そばにプールがあり、裸の子どもたちが走り回っている。

万城目　子どもどころか、パンツ一丁のおじさんがいま、僕らの目の前を歩いていきましたよ（笑）。

門井　建物そのものは非常に厳めしいんですよね。列柱があって、扇形で、一歩中に入れば非常に静謐な空間で、期待していたようなポンプが鎮座していて。

万城目　ここまで見た中では、いちばんきれいにまとまった建物かもしれません。まず、全景がパッと視界に入るコンパクトさ。太い柱が並び、両端にはドーム屋

巨大なタコとかわいい機関車が異彩を放つ。

根があって、わかりやすいほど威圧的。にもかかわらずエアダクトの上にビニールの巨大なタコが載っているのはなんでなのか（笑）。

門井　公園のキャラクターなのかな。

万城目　台湾の人、正直でいいなと思います。さほどこのポンプ室自体を重要視してないというか、そばに子ども向けの機関車を走らせたり、隅々に雑草が生えてたりもするんですよ。むしろ、よく現在まで残してくれてたなあと。これくらい小ぶりなサイズの近代建築って、あまりないですからね。残るのはたいてい巨大な建築ばかりなので。……まあ、これからもずっと残っていくかはちょっとあやしいですが（笑）。なぜかポンプの一個一個にいっさいの脈絡なくパンダのぬいぐるみがくくりつけてあって、そこはかとないファンシーな香りが一抹の不安を抱かせます。

門井　後藤新平の事績に引っかけてお話をしますと、このポンプ室は一九〇八年の完成で、後藤はもういないんですが、もちろん彼がいるときから上水道の計画はスタートしています。後藤新平の台湾への最大の貢献はこれでしょうね。下水道も含めて、台湾の水をきれいにしたことです。水がきれいだと病気がなくなる［★3］。特にペストとマラリアが減る。その具体的なありようの一つがこのポンプ室というわけですね。ある統計によれば、日本が台湾の領有を始めたときの台湾の人の平均年齢は三十歳台。ところが一九四五年、日本の領有が終わったときの平均年齢は六十歳に達している。五十年で二倍です。後藤新平は人間の寿命をのばしたんです。

そして室内のポンプにはパンダのぬいぐるみが……。

万城目　司馬遼太郎が『街道をゆく』で台湾のことを書いていますが（「台湾紀行」）、けっこう衝撃的な紹介がされています。「台湾における上下水道の整備は、日本内地よりは

るかに早い時期に完成した」と。すごいことです。

門井　当時の台北は東京より土地も安いし、強権的に土地を収用できるので、そのぶん整備が早く進んだという事情はあると思いますね。

❺四四南村　［不明／1948年頃／台北市信義区松勤街54号］

門井　というわけでポンプ室を後にして、万城目さんお薦めの四四南村です。

万城目　今回の台湾行きの話が動きだすより以前に、台湾の編集者に「台湾に、古くておもしろい建物ってありますか？」と訊ねたことがあったんです。そのとき、教えてくれたのがこの四四南村。戦後、大陸からやってきた中国人（外省人）たちが、すぐまた戻るつもりで仮住まいとして建てたけれども、大陸に共産党政権ができ、帰る機会を逸してそのまま暮らし続けた、そういう村の一つなんだそうです。

近代建築を「日本植民地時代の建築」と厳密に定義してしまうとわずかに範囲外なんですが、歴史のなかにたたずむ生きた建物、日本が去った後の台湾の歴史を表す象徴的

★3…台湾人は衛生観念がなかったんだなあ、などと上から目線で言ってはいけない。ペスト患者が出るとむしろ人が集まって盛大にお祈りをはじめるものだから、かえって感染が拡大したというのは明治初期の日本の話。（門井）

な場所だなあと心に残っていて、これまで機会がなかったので、今回、ぜひ行ってみようと。

門井　実際、ご覧になっていかがですか。

万城目　楽しみにしてきたんですが、正直、まったく歴史の匂いみたいなものは感じ取れず（笑）……まあ、予感はありました。建物の内部を若い人たちがリノベーションして、店やギャラリーをやってるという説明文を読んだ時点で、ある程度は予想できた。日本でも流行《はや》りの、建物はいちおう残しつつもおしゃれに再活用し、中では若者向けにカフェ雑貨を売ったりしてる系です。

かつては僕も、若者たちが昔の建物を使っておしゃれな店をやるのを、建物を保存していくために非常にいいやり方だと前向きに捉えてたんです。でも、似たような例をいくつも見ているうちにどこも雰囲気が一緒やなっていうこと

建物の配色が独特な四四南村。

に気がついた。個性的な外見の建物に個性的な人らが集まって個性的なことをやっているはずなのに、いつの間にか画一的な感じになっているように思うんです。見る側も慣れてきたということで、これはつまり、僕らと近代建築とのつきあい方がそろそろ次の段階に入ってきたということではないかと。

門井　賛成。それはまったく台湾だけの問題ではないですね。日本人も台湾人も時を同じくしてこれから考えるべきことなんでしょう。

万城目　ガイドの方に伺ったところでは、四四南村みたいな外省人の村は、もともとが軍属の家族どうしの仮住まいだから、閉鎖的で、言葉も北京語。もとから台湾にいる人（本省人）のコミュニティとは触れあわず、友達にもならなかったんだそうです。しかし、いまここでお店をやっている人たちは本省人、外省人という区別なく、みんなオール台湾人という意識でやっているそうで。これはある意味、台湾が大きな対立の問題を乗り越え成功したということかなと思いますね。

❻中山公園湖心亭　［福田東吾／1908年／台中市北区公園路37号−1］

万城目　台北から台湾新幹線に乗って一路、台中へ。門井さんのお薦め、中山公園湖心亭です。

中山公園湖心亭。湖面に映る姿も美しい。

門井　中山公園は駅近くにある、いわば〝台中の日比谷公園〟。いまもカップルがいて、子どもづれがいて、テニスをやっている人がいて……と、庶民的な都市公園です。その中に湖があり、その畔に湖心亭というわかりやすい名前の建物がある。今回の建築散歩の中で、建物の美しさではいちばん。フォルムで選ぶならここだろうと思っているんですが。

万城目　いやあ、渋いですねえ。

門井　もうちょっと派手かと思ったんですけども、想像以上に渋い。近代建築らしくないというか、中華風、漢人風ともいえる、指でつまんで引っ張り上げたような屋根。さらに四隅の白い柱が、いわゆる角柱じゃなくて、縦長の台形なんですね。遠くから見ると左右の柱が漢字の

「八」の字を描くようになっている。明らかにデザイン優先。屋根の換気口もふんわり丸くしてあって、優しいデザインにほれぼれします。

この湖心亭は、もともとは日本の宮様の休息所です。台湾縦貫鉄道が全線開通した記念式典をこの公園でやる、そこに東京から閑院宮載仁親王《かんいんのみやことひと》が列席されるというので作られたんです。ですから、ここぞ日本の威厳の見せどころ、「台湾の臣民よこれを見よ」と派手にやりがちなところを、逆に渋く攻める。建物自体も小さいし、これ一つで、植民地政策という言葉の持つ通俗的なイメージをじゅうぶん覆すことができると思います。戦前の日本人はセンスがある。ここは徹底的に褒めますよ（笑）［★4］。

万城目 ほんま、威張ってない建築です。あまりに威張ってなさすぎて、最初、これが目的の建物とは気づかなかった。とにかく台湾は暑いんで、ボーっとしてまして（笑）、門井さんの後について公園の中を歩いて、「ここで写真撮ります」って言われて初めて「えっ？　これ？」みたいな。あまりにも風景になじんでて、百年以上も前の建物とはとても思えません。たとえばいま万博が開かれて、中国のパビリオンを作ったらいかにもこんな感じになりそうな……。

門井 まさに、言葉本来の意味のパビリオン（あずまや）ですね。

★4…そもそも「湖心亭」という名前がもう平らかで無欲。いい意味で威風堂々としていない。（門井）

万城目 えっ、パビリオンってあずまやって意味なんですか。まさに文字どおり！

門井 そうだ。ついでに言いますと、外国語でパビリオンと訳されるきわめて有名な池の中の建物が日本にありますね。京都の金閣です。The Temple of the Golden Pavilion. 水面に映りこんだ姿まで計算されていて、上下一体として見るとひときわ美しい、東洋的な美のシンボルですが、この湖心亭も金閣に負けていませんよ。日本人なればこそ設計できたのだと、ちょっと胸を張ってもいいかもしれない。

❼宮原眼科 ［不明／不明／台中市中区中山路20号］

門井 中山公園のすぐ近く、万城目さんお薦めの宮原眼科です。

万城目 門井さんが湖心亭を選んだでしょ。せっかく台中に来て、公園だけ見て帰るのもどうかなと思って、近くに何かないかなと。で、「台中」「近代建築」で検索したら、「宮原眼科」と出てくるわけです。どうもお菓子屋さんらしいのに、宮原眼科っていったい何だろうと気になって。

門井 宮原眼科っていう名のスイーツショップなんですね。

万城目 そもそも宮原さんというのが謎の人物で、ガイドさんに調べてもらったのですが――。（資料を見ながら）宮原眼科ができたのは一九二七年。台中最大の眼科で、院長の宮原武熊さんは医師であり台中市長も務めた実力者だったそうですが、日本が戦争で負けて、宮原さんは日本に戻る。残された建物は政府に接収されて、台中軍の衛生院として使われます。やがて月日が流れ、一九九九年の9・21大地震で損壊し、屋根も壁も崩落、通りに面した壁面だけがかろうじて残った。そこから十年ほったらかしにされていたところを二〇一〇年、台湾有数のお菓子屋さん、パイナップルケーキで有名な「日《リー》出《チュー》」が買って、名前だけは残しつつ、いまの店舗に改装したと。

　実際、中に入るとびっくりします。原型を留めないくらいリフォームされていて、完

宮原眼科内部。中世の図書館を思わせる店づくりに驚嘆。

文字どおり皮一枚で残っている赤レンガの外壁。

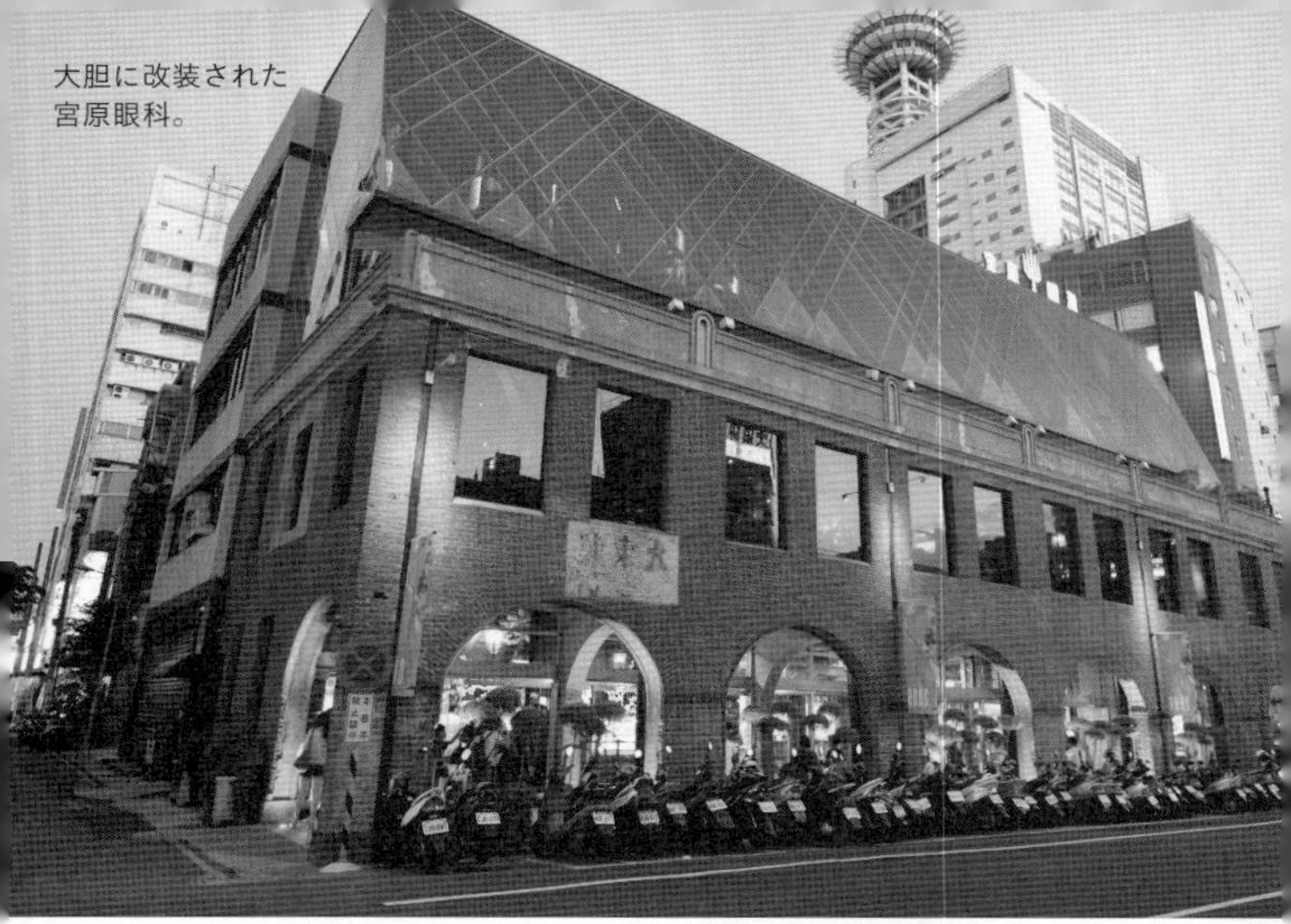

大胆に改装された宮原眼科。

チョコレートがすばらしかったです。ドライフルーツのチョコがけが、さらに輪をかけてすばらしかったです。（万城目）

全にコンセプト系の、ハリー・ポッターの世界を連想させる内装なんですよ。これは盛り上がります。僕らもしばし仕事を忘れて……。

門井　（袋をいっぱい抱えて）お土産をいっぱい買ってしまいました（笑）。

万城目　外から見ると赤レンガ建築なんですけれど、じつはこれ皮一枚の赤レンガなんです。神戸で見た、みなと元町駅舎の「外壁だけ」建築をさらにしのぐ「皮一枚」建築。文字どおり最後の首の皮一枚で生き残った建物です。でも、この建物が残ってくれたおかげで僕らもここに来られたし、お土産を買えたし、何よりこのお客さんの多さが建物の凄まじい吸引力を示していますよ。

門井 四四南村の若者には冷淡だった万城目さんが、ここには食いつきますね。

万城目 がぜん魔力にとりつかれました。この店、近代建築であるということに全然甘えていないんですよ。つまり、店のコンセプトそのものが日本でも見たことがない新鮮なもので、「あ、これ知ってる」じゃなくて「こんなのあるのか!」という驚き。

門井 近代建築にありがちなリノベーションではない、と。

万城目 はい。もっと先の第二段階に入っている。本をコンセプトにしたお菓子の包装も面白いし、やたらいろんな種類の袋をくれるし、試食もいっぱいさせてくれるし。

門井 売り子さんの雰囲気は完全にデパ地下のノリです。

万城目 門井さんなんて、さっき店を出てタクシーに乗るとき、命より大事なカバンを置いていったじゃないですか(笑)。

門井 そうそう(笑)。お土産袋で手がいっぱいで[★5]。

万城目 知性のすべてが詰まったカバンを置いて、日出のパイナップルケーキを選んだ(笑)。

★5…カバンにはパスポートも入ってました。万城目さんが「カバン! カバン!」と言ってくれなかったら、日本に帰れないところでした。(門井)

❽烏《う》山《さん》頭《とう》ダム

［八田與一／1930年／台南市官田区嘉南里68－2号 烏山頭水庫公園］

万城目 また新幹線に乗り、さらに車に揺られて、台南、烏山頭ダムにやってきました。とにかく、暑いです。

門井 どうしてもここに行きたいとリクエストして、遠くまで万城目さんにご足労いただきましたが、この風景を見て、来た甲斐があったなと思います。ダムといわれなければ山の中にある湖にしか見えない、近代建築に見えない近代建築。これまでも私は、毎回一つはいわゆる建築物でないものをわざと選んで、東京だと日比谷公園、横浜だとドックヤードガーデンを見てきましたが、そういう文脈での烏山頭ダム。一九三〇年の竣工です。

ダムにも感動しましたが、駅からダムに向かう最中の風景もすばらしくて、見渡すかぎり緑の沃野《よくや》。

万城目 一面の緑でしたね。

門井 畑が広がり、水田もあり、あたかも弥生時代からそうであるかのように緑一色なんですが、じつはこれ、烏山頭ダムができる前まではまったく不毛の大地でした。お金と労力と時間をかけてダムを作り、毛細血管のように水路を張り巡らせて嘉南《かなん》平野に水

山あいの湖にしか見えない烏山頭ダム。ほんとうに泣きそうになりました。（門井）

を流したからこそ緑の沃野になった。灌漑面積は日本の小さい県に匹敵するほどで、しかもそのダムを作ったのが内地から行った日本人。石川県出身の八田與一《はったよいち》という男である。感動もひとしお、いまだ興奮冷めやらぬ状態なんですけれども。

万城目　いわゆるダムというと瀑布の迫力、二時間スペシャルの最後でなぜか犯人が追いつめられ、飛び込み、死体は出てこない——というのが定番ですが、この烏山頭ダムにはコンクリートっぽさがないんですね。これ、どうしてですか？

門井　なぜ自然な湖に見えるかということは後述するとして、まず八田與一についてひと言。八田は日本よりも台湾ではるかに有名な日本人ですが、彼の大まかな生涯を紹介したのち、私なりの八田論

ダムを見守りつづける八田與一氏の像。

を述べてみたいと思います。

万城目 お願いします。

門井 八田與一は金沢生まれで、豪農の五男坊。子どもの頃から非常に優秀で、金沢の第四高校をへて東京帝国大学を卒業、少しばかり内地で働いたのち、総督府の土木技師として台湾に渡ります。そこで灌漑を担当し、嘉南平野の調査をしたら、これはひどいと。まず水がない。子どもが何キロも先の井戸まで水を汲みに行かなきゃいけないし、その水でさえ海に近いところでは塩害がひどくて飲み水にならず、作物も育たない。八田さんは大風呂敷を広げるタイプの人で、「嘉南平野を全部やりましょう」と、どんどん計画を大きくし、反対を押し切って予算をぶんどり、自ら建設を指揮した。こういう人が台湾では成功するんです（笑）。とはいえダムの建設予定地である烏山頭はジャングル同然、マラリア、ペスト、アメーバ赤痢が残っている山奥に、結婚したばかりの奥さんをつれて引っ越して、地元の人たちと一緒にダム作りを始めたんですね。

そのとき八田さんが選んだのが、セミ・ハイドロリックフィル工法。私も専門的なことはわかりませんが、コンクリートの代わりに自然の砂利や石を持ってきて積み上げ、外側からポンプで水を吹きかけることによって人工的な強い構造体にしていく工法です。コンクリートを芯にしか使っていないので、こんにちわれわれが見るような、あたかも自然の湖であるかのようなダムの風景ができあがりました。この灌漑設備によって、嘉南平野の耕地面積は五千haから十五万haに増えています。

万城目 三十倍！

門井 人々の生活は一変しました。とにかくお米が作れる、お金になるサトウキビも作れる。農村にはたちまちレンガ造りの家が増えたそうです。そういう経緯で八田さんはいまでもとても尊敬されていて、われわれ日本人としては何となく鼻が高い。

万城目 ダムの近くに八田さんが座り込んで考えている銅像があって、不思議な存在感ですよね［★6］。

門井 銅像のくせに、お尻を落として座ってる。やっぱり威張ってませんよね。ダムの

★6…台湾映画『KANO 1931 海の向こうの甲子園』は、嘉義農林学校、通称「嘉農」が台湾代表として甲子園に出場し活躍する実話を元にした作品で、大沢たかお演じる八田與一も登場します（初登場シーンは、律儀にも銅像そっくりの姿勢でした）。もちろん野球がメインの映画なわけですが、「嘉南大圳《かなんたいしゅう》」（現地での呼び名）の建設も重要なサイドストーリーで、いちばんジーンときた場面は、野球シーンではなく、実物を見てきたからか、ダムが完成し、水路を水が走ってくるのに気づいた農民が「もう、水を運ばなくていい！」と叫ぶところでした。（万城目）

たそうで。

完成後まもなく作られた銅像ですが、戦中も戦後も、地元の人はこれを大事に守り抜いたそうで。

万城目　戦争中の金属供出から隠し、戦後は国民党軍から隠した。それだけ慕われるというのは、えらいもんです。

門井　ここでなぜ八田與一という人が日本で生まれえたのか、私見を申し上げたいと思います。一つは、日本人そのものがもう灌漑が大得意なんですね。そもそも三百年前、日本人はただ川が流れているだけの葦《あし》っ原《ぱら》を、川を曲げ、水路をひらいて、たった五十年間で五十万人が住める大都市にしてしまった実績があります。その都市というのが江戸、現在の東京なんですね。灌漑は日本人のお家芸なんです。そこへさらに石川県という地の利です。明治期の石川県は早場米《はやばまい》で名を馳せます。普通のお米は十月頃に収穫して市場に出るんですが、石川県のお米は九月中に出荷しちゃう。そのほうが高く売れるということもあるし、何より北陸では秋が深まると長雨が降り出して、雨がそのままドカ雪になっちゃいますから。でも、お米って早く植えれば早く収穫できるわけではありません。きめ細かく水量を調節し、より効率的に給水排水をおこなう水利技術が必要なんですね。

そういう石川県の、しかも豪農の家に生まれたのが八田與一です。豪農は小作人を使いますから、生まれながらに農民を使うことに慣れている。まさしく生まれながらのミスター灌漑、この時期の日本にしかない最高の環境に生まれたのが彼なんですね［★7］。それが台湾の嘉南平野という世界でもっとも灌漑を必要とする地域に派遣されたというのは、世界史の奇跡としか言いようがない。きょうはとても幸せな日だなあ［★8］。

❾国立台湾文学館 ［森山松之助／1916年／台南市中西区中正路1号］

門井 山を降りて街中に移動しまして、同じく台南、台湾文学館です。

万城目 三年前に台湾を訪れたときに一度来たことがあったのですが、すごく印象がよかったので、今回ぜひ門井さんをお連れしたいと思って。

門井 ありがとうございます（笑）。

万城目 こちらも赤レンガ建築なんですけれども、総督府と違って非常に柔らかな、大阪の中央公会堂のような親しみやすい雰囲気。かつての台南州庁で、もとは行政の建物だったわけですけれども、大胆に修復されていまは文学館になっています。

★7…五男坊だったのもよかった。跡継ぎになれないから、活躍の場は家の外にしかない。（門井）

★8…帰りの新幹線のなかで台湾人のガイドさんに「烏山頭ダムは世界遺産になれますよ」というようなことを言ったのだが、これは私の失言だった。台湾はさまざまな事情から現在でも国連およびユネスコに加盟しておらず、認定はきわめてむつかしいのだとか。自戒をこめて記しとどめます。（門井）

門井　万城目さんのおっしゃるとおり、赤レンガですがソフトで癖がなく、本物の紳士のようなたたずまい。誰もが好きになれる建物ではないでしょうか。面白いと思ったのは、かつて中庭だったところに屋根をつけて屋内に改装してるんです。つまり、室内にいながら赤レンガの外壁を眺めることができる。これは新鮮な体験。

万城目　外はものすごい暑さなので、とてもありがたい（笑）。

僕はこの文学館に、台湾の志の高さを感じるんですよ。日本の植民地時代、台湾の人たちは日本語で小説を書いていたそうです。つまり、日本語の教育を受け、成長する中でいろんな思春期の悩みを持つに至り、その葛藤を日本語で表現した若者たちがいた。正直、そういう人たちの存在を、僕はこの文学館に来るまで考えたこともなかった。三年前に訪れて、手書きの原稿や、雑誌に掲載されたものを読んで、強烈な印象を受けたんです。

優美な赤レンガの外壁を室内で楽しめる。

見事に修復された国立台湾文学館。外壁の赤と白のバランスが美しい。

たとえば、「東京浪士街」という作品が載った古い雑誌が展示されています。最近新宿の人口爆発がひどくてみんな阿佐ヶ谷、高円寺、荻窪のほうへ移動している。なぜかといえば家賃が安いからだ――ということを、当時の台湾の若者が、日本語で書いているんです。その若者にとっては、異国ではなく、自国の首都で小説家を目指していたことになる、という事実が生々しいんです。

門井　作品が興味深いことに加えて、展示の演出がまたうまいんですね。照明の使い方も面白いし、さきほどの中庭の見せ方もそうです。復元工事の途中の状態を、クリアパネルで覆って内側から見せたりもしてる。宮原眼科で万城目さんがおっしゃったことですが、近代建築であることに甘えていない。純粋にいまの建築として通用するように作ってあります。

万城目 復元過程を紹介するVTRがありましたけど、戦災で壊れたまま、九〇年代までほとんどぼろぼろの状態で役所として使っていた。さながらお化け屋敷のように建っていたんですね。それを役所が手放した後、きちんと修復しようということで一大プロジェクトが組まれたそうで。

門井 文学館にしたことがまたすばらしい。一般に博物館とか美術館というのは、お金や権力で品物を集められるので、パッと集めてパッと公開することができます。でも、文学だけはどうしようもない。長年そこに住んでいる人が、読書、創作を積み重ね、文化を積み重ねてきてようやく展示ができる。文学館の背後にある現在の台湾の文化的な厚みに、われわれ敬意を表したいと思います。

⑩新竹駅 〔松ケ崎萬長／1913年／新竹市東区榮光里中華路2段445号〕

万城目 いよいよ僕らの旅も最後です。台南から台北近くまで戻ってきまして、新竹駅。これは門井さんのお薦めですね。しかし、言い飽きましたけど、ここも本当に暑いです。

門井 新竹はIT産業の研究所が集まる「台湾のシリコンバレー」だそうですが、駅はたいへん古めかしい。この駅を作った松《まつ》ケ崎《がさき》萬長《つむなが》なる人物に注目したいんです。

すべてのパーツが大きい新竹駅。

植民地政策として建物が作られる性格上、建築家は役人が多い。総督府や文学館をつくった森山松之助、台湾博物館の野村一郎、湖心亭の福田《ふくだ》東吾《とうご》といった面々はみんな総督府の営繕課に所属していたお役人建築家でした。そんな台湾にあって、あえてそこからこぼれ落ちた、いわば〝負け組〟建築家に迫ってみたい。やや意地悪な興味でもって松ヶ崎さんの作った新竹駅にやってきました。

万城目 寒い町に似合いそうな駅。中国の奉天駅とか、北朝鮮の平壌駅とか、雪が積もりそうな雰囲気の駅舎ですよね。重苦しくて、決して軽やかではない。

門井 松ヶ崎さんはドイツ系の建築を得意としていて、すべてのパーツがいちいち大きいです。

万城目 石のグレー一色ですしね。

門井 丸窓もでかいし、柱も太い。アーチ形の窓が横に並べてあって、これは普通テンポよく置いてリズムを作るのが文法なんですが、窓の間に挟まっている柱が太くて寸詰まりなために、非常に鈍重なリズムになっている。肉だけのフルコースを食わされているような感じです。

万城目 けっこう辛口ですね（笑）。

門井 当時の日本人が台湾へ渡るきっかけには、建築家を含めて三種類ありまして、栄転、普通の赴任、そして都落ちです（笑）。栄転の代表は後藤新平。日本の内務省ではうだつが上がらなかったから。普通の赴任は八田與一。そして最後の都落ちの代表が、この松ヶ崎さんです。内地で失敗した、生活できなくなったから、逃げるように台湾にやってくる。生まれは京都のお公家さんで、子供のころは孝明天皇とたいへん仲がよく、じつは天皇のご落胤《らくいん》なんじゃないかって噂されたほどなのにですよ。京都の松ヶ崎の御料地をじきじきにもらって一家を立てたんです。

万城目 なるほど、そういうことがあったからご落胤ではないかと。

門井 なぜそんな人が建築の道に進んだのか、よくわからないんですが、とにかく学校は出ていません。建築家としての能力もあまりない。ただ、お父さんが宮廷画家の堤哲《つつみあき》長《なが》だったから、絵はうまかっただろうと思うんですが、とにかくお公家さんっていうのは建築界にはいませんから、ちやほやされるわけです。のちに造家学会ができるときにも、なんと辰野金吾や妻木《つまき》頼黄《よりなか》らに並んで発起人を務めるという輝かしい名誉があって、これが彼の人生のピーク。

万城目 それはすごい。

門井 十三歳で岩倉使節団に加わってベルリンに私費留学し、十三年間ドイツで勉強するほどのボンボンだったのですが、ボンボンゆえに騙されてお金を失うことが多々あったらしく、後半生は常にお金に困窮していた。発起人でありながら造家学会を除名されるんですが、その理由が会費未納。男爵位まで返上しちゃった。落魄《らくはく》して台湾に赴くも、台湾では野村一郎ら役人建築家ががっちり中枢を占めている。そんな中で彼が作ったのが、この新竹駅というわけです。建物全体がかもし出すドイツ式の不器用な感じには、そんな背景があるんですね。

万城目 駅の通路でいちばん目についた看板が、台湾銀行と同じくここでも「授乳室はこちら」でした。無骨な外観の駅舎でも、あいかわらず女性にやさしい台湾。いまアベノミクスで女性の仕事参加ということが非常に言われますけれども、こういうものが当たり前になってはじめて目標達成になるんだろうな、と教えられた気がします。

万城目 当初は十件選ぶのにもっと苦労するかと思いましたが、終わってみればすごい密度の濃さ。あらためて、日本人が過去台湾で何を行い、何を残し、いまの台湾人が何を選択したのかという歴史の重層性を感じる旅になったと思います。日本人建築家が作った建物を、台湾の人たちが自分たちのために修復し、使っている。いまの形は台湾人の理由に基づくものというのが、日本の建築散歩とは味わいが違うところですね。

門井 まったく賛成です。ふりかえってみれば、台湾という島が世界史に登場して以来、そこを統治する人はつねに台湾の人ではありませんでした。オランダ人、清国人、そして日本人による統治を経て、第二次大戦後は大陸から来た国民党だったわけです。ところがその戦後も六十年がすぎて、李登輝さんが総統になったのは選挙による。その次の陳水扁さんもやはり選挙で選ばれましたが、この人はもはや国民党員ですらない。台湾の人たちは、長い歴史のなかではじめて、自分たちの為政者を自分たちで決められるようになったんです。複雑な国際事情は別にして、言葉のごく素朴な意味で、独立国家になったんですね。

そうなると、われわれ日本人にとっては、近代建築がすごく親しみやすいものになった。ニュートラルになれるっていうのかな。つまり、過去の植民地支配に対して、「俺たちが近代化してやった」と威張ることもないし、逆に「植民地支配なんかしてすいません」と平身低頭する必要もない。だって台湾は台湾だから。本当にニュートラルな、しかしきわめて親しい隣人として近代建築に接することができる。すごく楽しみな時代がやってきた、あるいはやってきつつあるという、未来に向けての希望を得ることができた建築散歩でございました。

万城目 すばらしいまとめ、ありがとうございます（笑）。ほんとに好き勝手言えましたもんね。それは「われわれが作った」という気持ちを持つことがないから言えるので。これらの建物は、すべて彼らのものだから。

門井 「作っちゃってすいません」でもないし。

万城目 宮原眼科も文学館も、完全に台湾の人たちによって、あたらしい命を吹きこまれた建築になってますよ。それに対して、僕ら、好き勝手言っている。じつに有意義で、発見の多い建築散歩でした。

や

ら

わ

な

は

ま

さ

た

人物索引

あ

か

単行本　２０１２年11月　文藝春秋刊
文庫化にあたり、次の二編を追加しました。
「近代建築への愛を叫ぶ」（「別冊文藝春秋電子増刊　つんどく！」Ｖｏｌ．２）
「ぼくらの近代建築散歩 in 台湾」（「別冊文藝春秋」２０１５年１月号）
文庫では「東京散歩スペシャル」「台湾散歩」として収録しました。

本文デザイン　加藤愛子（オフィスキントン）
写真　深野未季
杉山秀樹（東京散歩）
石川啓次（台湾散歩）

文春文庫

ぼくらの近代建築《きんだいけんちく》デラックス！

定価はカバーに
表示してあります

2015年5月10日　第1刷

著　者　万城目《まきめ》　学《まなぶ》・門井慶喜《かどいよしのぶ》
発行者　羽鳥好之
発行所　株式会社 文藝春秋

東京都千代田区紀尾井町3-23　〒102-8008
TEL 03・3265・1211
文藝春秋ホームページ　http://www.bunshun.co.jp

落丁、乱丁本は、お手数ですが小社製作部宛お送り下さい。送料小社負担でお取替致します。

印刷製本・凸版印刷
Printed in Japan
ISBN978-4-16-790375-6

（　）内は解説者。品切の節はご容赦下さい。

太田忠司
月読《つくよみ》

「月読」――それは死者の最期の思いを読みとる能力者。異能の青年が自らの過去を求めて地方都市を訪れたとき、次々と不可解な事件が……。慟哭の青春ミステリー長篇。（真中耕平）

お-45-1

太田忠司
落下する花　―月読《つくよみ》**―**

校舎の屋上から飛び降りた憧れの女性。彼女が残した月導には殺人の告白が!?　人が亡くなると現れる〝月導〟の意味を読み解く異能者「月読」が活躍する青春ミステリー。（大矢博子）

お-45-2

垣根涼介
ギャングスター・レッスン　ヒート アイランドⅡ

渋谷のチーム「雅」の頭、アキは、チーム解散後、海外放浪を経て、裏金強奪のプロ、柿沢と桃井に誘われその一員に加わる。『ヒート アイランド』の続篇となる痛快クライムノベル。

か-30-4

垣根涼介
ボーダー　ヒート アイランドⅣ

〈雅〉を解散して三年。東大生となったカオルは自分たちの名を騙ってファイトパーティを主催する偽者の存在を知る。過去の発覚を恐れたカオルは、裏の世界で生きるアキに接触するが。

か-30-5

加納朋子
虹の家のアリス

育児サークルに続く嫌がらせ、猫好き掲示板サイトに相次ぐ猫殺しの書きこみ、花泥棒……脱サラ探偵・仁木と助手の美少女・安梨沙が挑む、ささやかだけど不思議な六つの謎。（倉知　淳）

か-33-2

香納諒一
贄《にえ》**の夜会**　（上下）

《犯罪被害者家族の集い》に参加した女性二人が惨殺された。容疑者は少年時代に同級生を殺害した弁護士！　サイコサスペンス＋警察小説＋犯人探しの傑作ミステリー。（吉野　仁）

か-41-1

門井慶喜
天才までの距離　美術探偵・神永美有

黎明期の日本美術界に君臨した岡倉天心が、自ら描いたという仏像画は果たして本物なのか？　神永美有と佐々木昭友のコンビが東西の逸品と対峙する、人気シリーズ第二弾。（福井健太）

か-48-2

（　）内は解説者。品切の節はご容赦下さい

門井慶喜
悪血
高名な画家の家系に生まれながらペットの肖像画家に身をやつす時島一雅は、怪しげなブリーダーに出資を申し出る。血の呪縛に悩み、かつ血の操作に手を貸す男を、神は赦し給うか？
か-48-3

紀田順一郎
古本屋探偵登場
世界最大の古書店街・神田に登場した探偵は古本屋の主人。蔵書家、愛書家、収集家の過去、愛憎綾なす古書界に展開する推理とペダントリー。「殺意の収集」「書鬼」も収録。（瀬戸川猛資）
き-5-1

北方謙三
冬の眠り
人を殺して出所した画家仲木のもとに女子大生暁子が訪れる。仲木の心に命への情動が甦りその裸を描き、抱く。そこに奇妙な青年が……。人間の悲しみと狂気を抉《えぐ》り出す長篇。（池上冬樹）
き-7-6

北方謙三
擬態
四年前、平凡な会社員立原の躰に生じたある感覚……。今や彼にとって人間性など無意味なものでしかなく、鍛え上げた肉体は凶器と化していく。異色のハードボイルド長篇。（池上冬樹）
き-7-7

北村　薫
街の灯
昭和七年、士族出身の上流家庭・花村家にやってきた若い女性運転手〈ベッキーさん〉。令嬢・英子は、武道をたしなみ博識な彼女に魅かれてゆく。そして不思議な事件が……。（貫井徳郎）
き-17-4

北村　薫
玻璃《はり》の天
ステンドグラスの天窓から墜落した思想家の死は、事故か殺人か――表題作「玻璃の天」ほか、ベッキーさんの知られざる過去が明かされる、『街の灯』に続くシリーズ第二弾。（岸本葉子）
き-17-5

北村　薫
鷺《さぎ》と雪《ゆき》
日本にいないはずの婚約者がなぜか写真に映っていた。英子が解き明かしたそのからくりとは――。そして昭和十一年二月、物語は結末を迎える。第百四十一回直木賞受賞作。（佳多山大地）
き-17-7

（　）内は解説者。品切の節はご容赦下さい。

西村賢太
小銭をかぞえる
金欠、愛憎、暴力。救いようもない最底辺男の壮絶な魂の彷徨は、悲惨を通り越し爆笑を誘う。表題作に「焼却炉行き赤ん坊」を加えた、芥川賞作家による傑作私小説二篇を収録。（町田　康）
に-18-1

西　加奈子
円卓
三つ子の姉をもつ「こっこ」こと渦原琴子は、口が悪く偏屈で孤独に憧れる小学三年生。世間の価値観に立ち止まり悩み考え成長する姿をユーモラスに温かく描く感動作。（津村記久子）
に-22-1

林　真理子
不機嫌な果実
三十二歳の水越麻也子は、自分を顧みない夫に対する密かな復讐として、元恋人や歳下の音楽評論家と不倫を重ねるが……。男女の愛情の虚実を醒めた視点で痛烈に描いた、傑作恋愛小説。

は-3-20

東野圭吾
手紙
兄は強盗殺人の罪で服役中。弟のもとには月に一度、獄中から手紙が届く。だが、弟が幸せを摑もうとするたび苛酷な運命が立ち塞がる。爆発的ヒットを記録したベストセラー。（井上夢人）
ひ-13-6

丸谷才一
女ざかり
大新聞社の女性論説委員・南弓子。書いたコラムが思わぬ波紋をよび、政府から左遷の圧力がかかった。家族、恋人、友人を総動員して反撃開始、はたしてその首尾は？（瀬戸川猛資）
ま-2-12

町田　康
きれぎれ
俺は浪費家で酒乱、ランパブ通いが趣味の絵描き。下手な絵で認められ成功している厭味な幼友達の美人妻に恋慕し、策謀を練ったが……。「人生の聖」併録。芥川賞受賞作。（池澤夏樹）
ま-15-3

万城目　学
プリンセス・トヨトミ
東京から来た会計検査院調査官三人と大阪下町育ちの少年少女が、四百年にわたる歴史の封印を解く時、大阪が全停止する!? 万城目ワールド真骨頂。大阪を巡るエッセイも巻末収録。

ま-24-2

（　）内は解説者。品切の節はご容赦下さい

松尾スズキ
ぬるーい地獄の歩き方
辛いのに公然とは辛がれない、それが「ぬるーい地獄」。失恋、若ハゲ、いじめ、痔……ヌルジゴ案内人・松尾スズキがお送りする、切なくて哀しくて失礼だけどおもしろい平成地獄めぐり。

ま-17-1

松尾スズキ
ギリギリデイズ
今日も今日とて舞台に上がり、原稿書いたらネコを愛で、酒を飲んでは痔の痛みに耐える……。鬼才・松尾の暴れ牛のような喧騒と、子リスのように可憐な反省の日々の記録。（水野美紀）
ま-17-2

松任谷正隆
僕の散財日記
ナイキのシューズ、エルメスのハンドタオルetc.……衝動買いから、こだわりの車選び、そして記念日の贈り物まで、中年男子の生活と考察が赤裸々に描かれた好エッセイ集。（小山薫堂）
ま-22-1

万城目《まきめ》　学
ザ・万歩計
大阪で阿呆の薫陶を受け、作家を目指して東京へ。『鴨川ホルモー』で無職を脱するも、滑舌最悪のラジオに執筆を阻まれ、謎の名曲を夢想したりの作家生活。思わず吹き出す奇才のエッセイ。

ま-24-1

松村賢治
旧暦と暮らす
スローライフの知恵ごよみ
「桃の節句に桃が咲いてない？」「お正月はまだ冬なのになぜ新春？」日本人が昔から知っていた、月の満ち欠け、太陽の動き……「旧暦」を今の暮らしに取り入れる格好のガイドブック。
ま-25-1

松本幸四郎・松　たか子
父と娘の往復書簡
二年間にわたって交わした往復書簡で、父は若き日を語り、娘は両親への想いを素直に伝える。舞台人として綴った互いの演劇論も魅力。読む者の胸に迫る、清冽で真摯な24通の手紙。

ま-26-1

宮城まり子
淳之介さんのこと
一日も逢わずにいられない——それがはじまりだった。それから三十七年にわたって、いちばん近くで作家・吉行淳之介を見つめてきた著者が、想い起こすままにつづるふたりだけの生活。
み-26-1

（　）内は解説者。品切の節はご容赦下さい。

池波正太郎
あるシネマディクトの旅
「はじめてフランスへ行った。フランス映画を四十年も観てきた所為か、すこしも違和感がなかった」。映画と食をめぐるフランス旅行記三作をまとめたオリジナル文庫。著者カラー挿絵多数。
い-4-92

伊集院　静
旅行鞄にはなびら
アルルからサン・レミへ。ゴッホに導かれて遭遇したアーモンドの木。ミロのアトリエを訪ねたマヨルカ島。絵と花をこよなく愛する著者による紀行エッセイ集。カラー挿画、福山小夜。
い-26-14

車谷長吉
世界一周恐怖航海記
なんの因果か、還暦過ぎて嫁はんにせがまれ、世界一周クルーズに出かけるハメになった私。観光地を厭い、同行者を呪う私の前に、それでも世界は壮大なまでに立ち現われるのであった。
く-19-7

小林泰彦
日本百低山
標高1500メートル以下の名山100プラス1
低山にも名山あり。標高1500メートル以下の山々を全国から百山選んだ親本に、新たにプラス1。さらに登山情報をアップデート。低山歩きの名人が厳選した低山ガイドの決定版！
こ-42-1

沢木耕太郎
貧乏だけど贅沢
人はなぜ旅をするのか？　井上陽水、阿川弘之、群ようこ、高倉健など、全地球を駆けめぐる豪華な十人と、旅における「贅沢な時間」をめぐって語り合う。著者初の対談集。（此経啓助）
さ-2-18

中丸　明
スペイン5つの旅
スペインに魅せられ、遂に移り住んでしまった著者がタクシーを上手に使って楽しむ旅のコツを開陳。個人旅行、自由旅行にピッタリのガイドブック。読むだけでも面白い情報が満載!!
な-40-1

藤原新也
黄泉《よみ》の犬
青春の旅を記録した『印度放浪』から34年。著者が封印してきた衝撃の体験が明かされる！　オウム真理教にまつわる新事実、カルトに惹かれる若者たちの心。インド紀行完結篇。（森　達也）
ふ-10-5

（　）内は解説者。品切の節はご容赦下さい。

星野道夫
旅をする木

正確に季節が巡るアラスカの大地と海。そこに住むエスキモーや白人の陰翳深い生と死を味わい深い文章で描く。「アラスカとの出合い」「カリブーのスープ」など全三十三篇。（池澤夏樹）

ほ-8-1

星野道夫
長い旅の途上

シベリアで取材中、クマに襲われて亡くなった著者が残した76篇のエッセイ。過酷な大地を見守り続けた写真家が綴った、人間と自然が織りなす緊張感に満ちた優しい眼差しと静謐な世界。

ほ-8-2

星野道夫
魔法のことば
自然と旅を語る

アラスカに魅了されて大自然と動物、人々の暮らしを撮りつづけた星野道夫が、青春の日々からアラスカの四季、人々の叡智までを語った全十本の講演集。カラー写真多数収録。（池澤夏樹）

ほ-8-3

星野博美
転がる香港に苔は生えない

中国返還直前の香港。街の安アパートに暮らす著者が、夢を見続けることをやめない香港の人々の素顔を追った、二年間の記録。第三十二回大宅壮一ノンフィクション賞受賞作。

ほ-11-2

星野博美
謝々《シエシエ》！チャイニーズ

ベトナム国境から上海まで、中国・華南地方を、埃だらけの長距離バスに乗って旅をした。自由化の波を受けた中国の人々の等身大の姿を描いた鮮烈なノンフィクション。（斎藤美奈子）

ほ-11-3

宮脇俊三
失われた鉄道を求めて

沖縄県営鉄道、耶馬渓鉄道、草軽電鉄、サイパン・ティニアンの砂糖鉄道、等々、今はなき鉄道廃線跡を探訪した鉄道紀行文学の傑作。後の廃線跡ブームの先駆けとなった。（中村彰彦）

み-6-7

（　）内は解説者。品切の節はご容赦下さい。

東京江戸歩き
山本一力
金澤篤宏　写真

深川、千駄木、湯島……、高知から上京した少年を、時代小説家・山本一力に育て上げた二十一の街。オリンピックの興奮と江戸の残り香漂う東京の懐かしい風景を辿る、フォトエッセイ。

や-29-12

インド ミニアチュール幻想
山田　和

近代化のなかで失われてゆくインドの伝統の美と心をたどる、四半世紀にわたった旅が生んだ傑作。講談社ノンフィクション賞受賞作品。21世紀のインド美術を報告する新章書き下ろし。

や-44-1

蔵出しハワイ
山下マヌー

業界きっての〝ハワイ番長〟が長年の経験から選び抜いたお値打ち情報を一挙大放出。お得な予約術から通も知らない穴場情報、役立つ英会話まで、楽園を楽しむノウハウが満載の一冊。

や-46-1

源氏物語の京都案内
文藝春秋　編

『源氏物語』と、現代の読者が楽しめるような京都の名所を、美しい風景や美術品の写真と共に紹介。五十四帖の各あらすじやおすすめ京菓子、瀬戸内寂聴のエッセイなど読みどころも満載。

編-5-9

機上の奇人たち
フライトアテンダント爆笑告白記
エリオット・ヘスター（小林浩子　訳）

高度三万フィートの密室、飛行機でとんでもない乗客（時には乗務員）が起こす騒動とは!?　体臭ふんぷんたる夫婦、反吐をまき散らす子供、SEXに励む二人……爆笑トラベルエッセイ。

へ-5-1

地獄の世界一周ツアー
フライトアテンダント爆笑告白記
エリオット・ヘスター（小林浩子　訳）

「機上の奇人たち」で印税と称賛と顰蹙を獲得したヘスターが世界一周の旅に出た。ポリネシアで牛の密猟に巻き込まれ、エストニアで密造酒に酔っ払い……爆笑痛快トラベルエッセイ。

へ-5-2

池波正太郎
食べ物日記　鬼平誕生のころ
下町の味をこよなく愛した池波正太郎は、昭和四十三年に何を食べ、誰に会い、どんな映画や芝居を観ていたか。三六五日の日記に山本一力×池内紀両氏の対談、担当者座談会などを併録。
い-4-91

石井好子
パリ仕込みお料理ノート
三十年前、歌手としてデビューしたパリで、食いしん坊に開眼した著者が綴った、料理とシャンソンのエッセイ集。読んだらきっと食べたくなり、作ってみたくなる料理でいっぱい。
い-10-1

石井好子・水森亜土
料理の絵本　完全版
シャンソン歌手にして名エッセイストの石井好子さんの絶品レシピに、老若男女の心をわしづかみにする亜土ちゃんのキュートなイラスト。卵、ご飯、サラダ、ポテトで、さあ作りましょう！
い-10-3

海老沢泰久
美味礼讃
彼以前は西洋料理だった。彼がほんもののフランス料理をもたらした。その男、辻静雄の半生を描く伝記小説――世界的な料理研究家辻静雄は平成五年惜しまれて逝った。（向井　敏）
え-4-4

太田和彦
村松　誠　画
居酒屋おくのほそ道
居酒屋界の第一人者・太田和彦さんが村松誠画伯と、会津、仙台、盛岡、秋田、富山等、松尾芭蕉の「奥の細道」にある名居酒屋を訪ね、美酒と土地の肴に酔う。震災後の訪問記を増補。
お-57-1

勝谷誠彦
食の極道
喋るも食うも命がけ
マルチな才能で活躍する勝谷誠彦さんだが、その本籍は紀行家。日本各地の旨いものをたずね、旨い酒を飲み、素晴らしい人びととの交友を綴った名文がたっぷり味わえるオリジナル文庫。
か-47-1

小林カツ代
小林カツ代の「おいしい大阪」
蒸し寿司、豚天、おぼろうどんにキモソティ――こよなく愛する名店の一皿から家庭の味まで、料理研究家・小林カツ代の原点となった大阪の美味を伝えます。レシピ付。（ケンタロウ）
こ-31-2